Découvrez l'histoire par les archives de presse

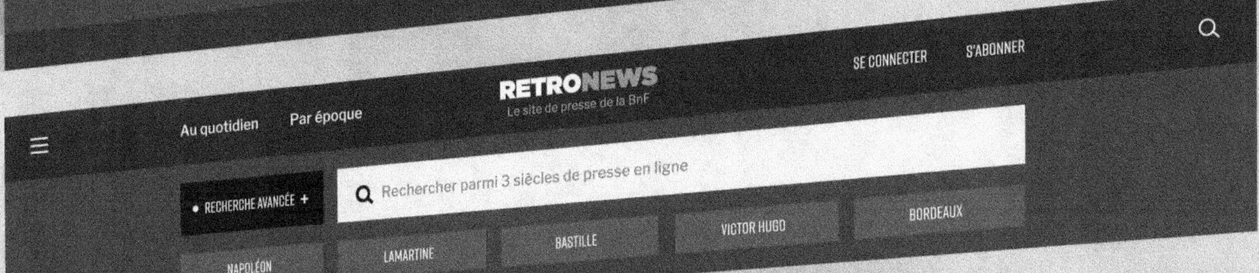

RETRONEWS

Le site de presse de la BnF

www.retronews.fr

BULLETIN

DE LA

SOCIÉTÉ D'ÉTUDES DIVERSES

DE

L'ARRONDISSEMENT DE LOUVIERS

BULLETIN

DE LA

SOCIÉTÉ D'ÉTUDES DIVERSES

DE

L'ARRONDISSEMENT DE LOUVIERS

TOME XIII. — ANNÉE 1911

LOUVIERS

IMPRIMERIE EUG. IZAMBERT, RUE DU MATREY

1912

COMPTE RENDU DES SÉANCES

La Société s'est réunie à Louviers, à l'Hôtel de Ville, au local ordinaire de ses séances, le mercredi 11 janvier 1911, à 4 heures du soir.

Assistaient à la séance : MM. Angérard, président ; Mallet, secrétaire ; Maurice Collignon, trésorier ; de Chauveron, Léon Coutil, Godard, Guibert, Hébert, Lambert, Lefèvre et Quatremare.

Se sont fait excuser de ne pouvoir y assister : MM. de Boury, Ledanois, Mouchard et Revert dont les motifs d'absence sont admis.

Lecture est donnée du procès-verbal de la séance du 16 septembre 1910, qui est adopté sans observations.

M. le Président dépouille la correspondance qui comprend notamment :

1° Le Bulletin mensuel de la Société « La Pomme » ;

2° Une lettre de M. le comte R. de Maistre, propriétaire du château de Beaumesnil, disant qu'il est très touché des remerciements qui lui ont été adressés par le Président au nom de la Société à raison de la visite faite le 11 juillet 1910 de ce château sous la conduite de M. le comte de Maistre, de toutes les explications et des documents par lui fournis si obligeamment aux excursionnistes ;

3° Lettre concernant le millénaire de Normandie, qui se célébrera en juin ou juillet 1911 ;

4° Une note de M. le général Avon, membre de la Société, relative à l'ouvrage fortifié récemment démoli près de Pont-de-l'Arche, et dont les pierres et terres sont utilisées pour combler le canal dit Canal d'Igoville [1] ;

5° Une lettre de la Société Préhistorique de France, sur

---

[1] Voir dans le Bulletin de la Société, tome XII, première partie, p. 29, une première note de M. le général Avon.

laquelle le Président appelle tout particulièrement l'attention, et relative au projet de loi qui soumettrait les fouilles archéologiques à une autorisation gouvernementale préalable ainsi qu'à une surveillance officielle.

M. le Président donne ensuite lecture d'un extrait du procès-verbal de la réunion du Conseil d'administration de cette Société, tenue le 10 décembre 1910 et contenant une protestation très motivée contre ce projet de loi qui a été inspiré par un désir très juste et très légitime d'empêcher le départ pour l'étranger de nombreux objets présentant un intérêt national archéologique ou paléontologique, mais qui aurait pour première et infaillible conséquence de supprimer toute initiative privée.

Le Président demande à la Société son sentiment à cet égard, et il est immédiatement décidé qu'il y a lieu de protester énergiquement contre ce projet de loi. Les membres présents à la séance donnent leur adhésion sans restriction aux considérants ainsi qu'aux trois articles de décisions par lesquels la Société Préhistorique française demande aux Pouvoirs publics de compléter l'article 14 de la loi du 30 mars 1887.

La réunion décide qu'un extrait de sa délibération, votée à l'unanimité, sera transmise à la Société Préhistorique française.

La Société décide de comprendre dans le Bulletin en cours d'impression :

1° La planche reproduisant les bijoux composant la collection connue sous la dénomination de *Trésor de la Haye-Malherbe*, devenue aujourd'hui la propriété de M. Robert Fortier, membre de la Société, en l'accompagnant du texte de la note rédigée par M. Emile Guillard, son beau-père, et lue le 20 mai 1858 à la séance de la Société française d'Archéologie tenue à l'Hôtel de Ville de Louviers;

2° Le compte rendu de la découverte de deux sépultures préhistoriques faites lors de la construction de la route de Louviers à Saint-Etienne-du-Vauvray, et qui a paru il y a cinquante-trois ans dans un Bulletin de la Société archéologique ;

3° Le plan des fouilles faites en 1910 rue du Châtel, dressé par M. Marcel Collignon ;

4° Le résumé de la conférence préparée par MM. Angérard, Godard et Maurice Collignon, sur Louviers et ses vieilles maisons, pour accompagner les clichés photographiques présentés par M. Godard ;

5° Le travail historique de M. Collignon ayant pour titre *Napoléon dans l'Eure* avec planches en photogravures.

Le Président rend compte de l'excursion faite dans Louviers même le 26 septembre 1910, et qui comprenait la visite de l'intérieur de l'église Notre-Dame, du cloître de l'ancien couvent des Pénitents, des dentelles, de la chasuble ancienne du Trésor de l'Hospice, des tapisseries et des collections réunies dans l'une des plus belles propriétés de la ville, enfin du musée personnel de M. Hébert.

La Société décide de s'adresser à M. Adrien de Mortillet, professeur à l'Ecole d'Anthropologie, pour le prier de vouloir bien donner une conférence à Louviers.

Les candidatures de MM. R. Godard, architecte au Neubourg, Laporte, notaire à Louviers, Letellier, notaire à La Croix-Saint-Leufroy, et Perrin, avoué à Louviers, présentés par MM. Angérard, Menez, Deshayes, Mallet et Collignon, sont adoptées à l'unanimité et MM. R. Godard, Laporte, Letellier et Perrin sont proclamés membres actifs de la Société.

La parole est ensuite donnée à M. Maurice Collignon, trésorier, qui établit comme suit la situation de la caisse de la Société au 1er janvier 1911 :

Recettes . . . . Fr.	1.280	35
Dépenses	412	65
Reste en caisse.	867	70

M. le Président signale que d'après une note contenue dans la publication *Notre vieux Lycée*, organe de l'Association amicale des Anciens élèves du Lycée Corneille de Rouen (fascicule d'octobre 1910), — l'autel et les boiseries du chœur de l'église de Pinterville proviendraient de la chapelle du dit Lycée.

Il fait ensuite passer sous les yeux de ses confrères un grand sceau, deux jetons et un diplôme sur parchemin, toutes pièces très curieuses, émanant de la loge maçonnique de Louviers, portant le titre *Des Arts et de l'Amitié,* disparue il y a plus de soixante-dix ans.

L'ordre du jour étant épuisé et personne ne demandant la parole, la séance est levée à 6 heures.

SÉANCE DU 5 AVRIL 1911

La Société s'est réunie à l'Hôtel de Ville, lieu ordinaire de ses séances, le mercredi 5 avril 1911, à 5 heures du soir.

Assistaient à cette séance : MM. Angérard, président ; Mallet, secrétaire ; Maurice Collignon, trésorier ; Loisel, archiviste ; Allorge, Brivezac, de Chauveron, Léon Coutil, Godard, Guibert, Hébert, Lambert, Laporte, Quatremare père et Revert.

Se sont fait excuser de ne pouvoir assister à la réunion : MM. Anty, René Godard, Ledanois et Rivet.

Lecture est donnée du procès-verbal de la séance du 11 janvier 1911, qui est adopté sans observations.

M. le Président procède au dépouillement de la correspondance, qui comprend des lettres : de la Société généthique relativement à son prochain Congrès (18-23 septembre) ; de la Société littéraire de la Rochelle concernant son Concours littéraire de 1911 et l'indication des prix qui seront décernés aux lauréats ; du général Avon critiquant la dénomination de Pont-de-l'Arche donnée à la ville située dans l'arrondissement de Louviers, dénomination qui ne correspond à aucune explication historique ou étymologique, et demandant en outre quel nom doit être donné aux habitants du département de l'Eure ; de la Société historique et archéologique de Pontoise et du Vexin, priant la Société de donner son adhésion à la Pétition par elle adressée à la Chambre des députés pour demander la conservation par l'intervention de l'État ou des Communes de toutes les églises, sans exception, même de celles dont le style ne présente aucune espèce d'intérêt.

La réunion décide qu'appuyer une semblable pétition serait contraire à l'objet nettement déterminé de ses statuts ; elle déclare par suite ne pas s'y associer, exprimant toutefois le désir que tous les monuments de ce genre présentant un intérêt historique ou archéologique soient sauvegardés et conservés autant que faire se pourra ; il en est ainsi décidé par 8 non contre 6 oui et une abstention.

A la demande de la Société normande d'Études préhistoriques, la Société souscrit une somme de 25 francs pour l'érection du buste de M. Chassant, dans le musée d'Evreux dont il fut pendant de si longues années le conservateur érudit.

La réunion décide qu'il n'y a pas lieu de déférer à la demande de souscription adressée par la ville de Rouen à la Société à l'occasion des fêtes du Millénaire Normand, qui doivent avoir lieu en cette ville dans le courant du mois de juin prochain.

M. le Président dit quelques mots des pièces anciennes et sans grande valeur trouvées tout dernièrement lors de la démolition partielle de la Prison (ancien couvent des Pénitents) ; d'une pièce de monnaie assez curieuse découverte dans la briqueterie de la rue d'Evreux ; enfin d'une très belle pièce, fort rare, un aureus de l'empereur romain Volutien, trouvée l'an dernier dans un champ sur le territoire d'Incarville.

Sur la proposition de M. Henry Guibert la réunion est d'avis que pour encourager les ouvriers procédant à la démolition de vieux immeubles ou à des travaux de terrassement, à ménager les objets de poterie ou autres ainsi que les bijoux ou monnaies qu'ils pourraient trouver, à les recueillir avec soin et à n'en pas disposer de leur chef, il y a lieu d'autoriser le Président à remettre à ces ouvriers de petites sommes de 5, 10, 15 et même 20 francs suivant l'importance des découvertes.

Il est décidé que la Société, ou tout au moins ses membres habitant Louviers, seront invités à visiter à Incarville, dans la partie de la forêt limitrophe des terres de cette commune, les fouilles opérées sous la direction de M. Léon Coutil. Les jour et heure de cette visite seront ultérieurement indiqués par le Président.

Sur la proposition de M. Revert la réunion se range à son idée de créer deux ou trois promenades chaque année dont le but sera de faire dans les environs de la ville des études botaniques, géologiques et entomologiques dont la Société prendra l'initiative et la direction.

Après discussion il est décidé que la prochaine excursion aura lieu dans la seconde quinzaine de mai et aura pour objectif Montfort-sur-Risle, Corneville-sur-Risle et Pont-Audemer.

Sont admis ensuite à l'unanimité comme membres actifs de la Société :

M. Duboc, architecte de la ville de Louviers ;

M. Durkheim, substitut du procureur de la République, à Louviers ;

Et Mme Gambu, propriétaire à Louviers ;

Sur la présentation de MM. Revert, Mallet et Angérard.

M. le Président rappelle que l'ordre du jour indique qu'il doit être procédé à l'élection des membres du Bureau. Il donne lecture des articles du règlement relatifs au mode de procéder, et invite les assistants à passer aux votes.

La réunion décide qu'il n'y a pas lieu de procéder à un scrutin et désigne par acclamation comme membres du Bureau pour deux années, savoir :

Comme Président : M. Edmond ANGÉRARD ;
Comme Vice-Président : M. MALLET ;
Comme Archiviste : M. LOISEL ;
Comme Trésorier : M. Maurice COLLIGNON ;
Et comme Secrétaire : M. LAMBERT.

M. le Président remercie l'assemblée du témoignage de confiance et de sympathie donné aux élus et déclare le Bureau installé.

L'ordre du jour étant épuisé et personne ne demandant la parole, la séance est levée à 6 heures 40 minutes.

SÉANCE DU 11 DÉCEMBRE 1911

La Société s'est réunie à l'Hôtel de Ville, lieu ordinaire de ses séances, le Lundi 11 décembre 1911, à 3 heures du soir.

Sont présents : MM. Angérard, président ; Mallet, vice-président ; Maurice Collignon, trésorier ; Lambert, secrétaire ; Hébert, Laporte, de Chauveron, Lannes, P. Godard, membres.

Se sont fait excuser : MM. Monnier, Ledanois, Albert Angérard, Léon Coutil, Peupion, Revert, E. Allorge, Mouchard, Anty et Guibert.

Lecture est donnée du procès-verbal de la dernière séance qui est adopté sans observations.

M. le Président fait part à l'assemblée de la mort de M. Victor Quesné. Entré dans la Société dès sa fondation, M. Quesné s'intéressait beaucoup à sa prospérité ; entre différentes communications faites au cours des séances et des excursions, il avait publié dans un des Bulletins une notice remarquable sur le *Désert des Carmes Déchaussés de la Garde-Châtel*. Il était en outre l'auteur de

différents travaux d'archéologie publiés par lui seul ou en collaboration avec M. Léon de Vesly. Le Président exprime, au nom
de tous, les regrets que cause à la Société la disparition de
M. Victor Quesné.

Il est ensuite procédé au dépouillement de la correspondance.
Elle comprend :

1° Le compte rendu de la quatrième session des Assises de
Caumont tenue à Rouen en juillet 1908 et quatre rapports faits
au Congrès sur les mouvements agricole, littéraire, artistique et
industriel, dans les différentes régions de la Normandie ;

2° Quatre fascicules du répertoire d'Art et d'Archéologie ;

3° Les Bulletins de la Société « La Pomme », pour les mois
d'avril, mai, juillet et octobre ;

M. le Président appelle l'attention de l'assemblée sur un
article consacré par « La Pomme » à l'appréciation de l'Etude
écrite par M. Maurice Collignon : *Napoléon Ier dans l'Eure.* Voici
le passage principal de cet article :

« M. Collignon ne paraît avoir laissé dans l'ombre aucun
détail. On se fait difficilement une idée du labeur acharné que
représentent de telles recherches, et l'on doit louer sans réserve
les historiens qui y consacrent leur vie ».

Le Président, au nom de l'assemblée, s'associe aux louanges
données par l'auteur de cet article, et qui viennent s'ajouter aux
félicitations adressées à M. Maurice Collignon de différents côtés,
et résultant spécialement de lettres que lui ont adressés M. Frédéric Masson et aussi notre confrère M. Ternaux-Compans.

4° Un prospectus et une planche spécimens de l'*Album de
pièces de paléographie et de diplomatie,* relatives à l'histoire du Midi
de la France ;

5° Les statuts de la Société pour l'Etude de la Gravure française, avec une demande d'inscription comme membre de cette
Société ;

6° Un catalogue revue intitulé : *Le Bouquineur* ;

7° Un numéro spécimen de la Revue littéraire et commerciale : *Le Luth français* ;

8° Un spécimen d'un ouvrage intitulé : *Recherches sur l'évolution du Moustérien* ;

9° Une demande de souscription à un ouvrage intitulé :
Comptes consulaires de Grenoble ;

10° Une demande de souscription à un ouvrage portant pour titre : *Fouilles de cimetière barbare en Bourgogne* ;

11° De nouveaux spécimens de l'*Album de paléographie et de diplomatique* dont il a été parlé plus haut ;

12° Une lettre de la librairie Delagrave et un prospectus concernant la publication d'un ouvrage : *Les Poëtes du Terroir* ;

13° Un numéro du journal *La France Postale* ;

14° Une lettre du Ministre de l'Instruction publique et des Beaux-Arts, concernant le cinquantième Congrès des Sociétés savantes de Paris et des départements devant s'ouvrir à la Sorbonne le 9 avril 1912.

M. le Président demande à l'assemblée de désigner ceux de ses membres qui pourraient représenter la Société à ce Congrès.

Sont nommés à cet effet MM. Mallet, de Chauveron, Hébert et Ph. Godard.

M. le Président signale à la réunion que les *Poëtes du Terroir* édités par la librairie Delagrave, comprennent plusieurs volumes qui se vendent séparément, et que l'un de ces volumes est en partie consacré aux poëtes normands.

Il indique brièvement à l'assemblée qu'elle fut la fête à Evreux, le 20 août dernier, de l'inauguration du buste de M. Chassant, ancien conservateur du Musée ; il a représenté à cette cérémonie la Société d'Etudes diverses.

Il signale ensuite à l'assemblée la récente nomination de M. Maurice Collignon, le dévoué trésorier de la Société, comme membre de la Commission départementale des sites de l'Eure.

Il informe la réunion que le fragment de pierre avec inscription en lettres gothiques trouvé dans la démolition des murs de la prison et déposé dans les bureaux de l'architecte de la ville, est exposé à être brisé ; l'assemblée consultée sur les mesures à prendre pour la conservation de ce fragment de pierre ayant un intérêt historique, émet le vœu de le voir déposer au Musée de la ville avec mention de son origine et la traduction de l'inscription relevée par notre confrère M. Louis Régnier.

M. le Président annonce que des exemplaires du dernier Bulletin de la Société seront mis à la disposition des amateurs au prix de 8 francs.

La Bibliothèque nationale ayant réclamé plusieurs Bulletins

manquant à sa collection, M. le Président écrira à la Préfecture de l'Eure pour savoir si ces Bulletins ne se trouveraient pas aux Archives départementales. L'assemblée exprime le désir que, dans la mesure des numéros disponibles des Bulletins, satisfaction soit donnée à la réclamation de la Bibliothèque nationale.

M. le Président a reçu de M. le général Avon une lettre au sujet de la pétition adressée à qui de droit en vue de la sauvegarde des monuments religieux. Il rappelle que dans la dernière séance la Société a décidé de ne pas s'y associer.

M. de Chauveron appelle l'attention de l'Assemblée sur l'intérêt que peut avoir au point de vue archéologique la découverte faite par M. Henri Guibert de divers objets de l'époque romaine dans les terrassements effectués à Louviers, rue d'Evreux, pour la construction d'une maison appartenant à Mme Pelletier-Audresset.

Le Président a ensuite parlé de deux pierres tombales existant dans l'église de Connelles. Elles doivent dater du xive siècle et être celles des sépultures de Robert Brocheronde et de sa femme. Il est regrettable que ces pierres, d'un beau style, ne soient pas relevées et placées contre la muraille pour les préserver de l'usure.

Il a aussi indiqué que la Vierge du xve siècle, ayant appartenu autrefois à la chapelle de la Haye-le-Comte, vient d'être restaurée par les soins de M. le chanoine Lefebvre, curé de Notre-Dame, qui a l'intention de la replacer dans une chapelle à la Haye-le-Comte. Ayant demandé à M. Ph. Godard si cette statue n'était pas la même que celle dont il avait donné la projection d'une photographie en couleurs lors de la conférence du 17 octobre 1909, M. Ph. Godard a répondu qu'il s'agissait bien de la même Vierge.

Enfin le Président soumet à l'assemblée la question des conférences, prévu dans l'ordre du jour. Il dit avoir correspondu à ce sujet notamment avec M. Jean Bertot, vice-président du « Caveau » de Paris, qui a récemment donné à Lyon une conférence sur *La Chanson française au XIXe siècle*. La réunion consultée prie son Président d'insister près de M. Jean Bertot pour obtenir son concours à une conférence qui pourrait avoir lieu au cours de l'hiver.

Sur les présentations faites par différents membres de la Société, les candidatures suivantes ont été admises à l'unanimité, savoir :

M. Quatremarre fils, banquier à Louviers ;

M. Symphorien Collignon, directeur-propriétaire du journal l'*Industriel de Louviers* ;

M. Adrien Breton, manufacturier à Louviers ;

M. Divry, à Saint-Cyr-du-Vaudreuil ;

Et M. Lerebours, notaire à Pont-de-l'Arche.

En conséquence, MM. Quatremarre, S. Collignon, A. Breton, Divry et Lerebours sont proclamés membres actifs de la Société d'Etudes.

M. Maurice Collignon, trésorier, donne la situation de la caisse à ce jour comme suit :

Les recettes s'élèvent à. . . . . Fr.   1.433 50
Les dépenses se montent à. 1.312 45

Reste en caisse 121 05

Sur laquelle somme il y aurait lieu de prélever une somme non déterminée due au Président pour les déboursés des frais d'envoi de convocations et des Bulletins.

Les comptes du Trésorier sont approuvés.

M. Maurice Collignon met à la disposition des membres de la Société des planches détachées qui ont servi à l'illustration de son Etude sur *Napoléon I*er *dans l'Eure.*

Le Président dit quelques mots des excursions faites au cours de l'été tant aux fouilles du Testelet, à Incarville, qu'à Saint-Philbert-sur-Risle, Corneville, à Pont-Audemer, à Bec-Hellouin, Harcourt et Brionne.

L'ordre du jour étant épuisé et personne ne demandant plus la parole, la séance est levée à 5 heures.

Séance du 28 Février 1912

La Société s'est réunie à l'Hôtel de Ville, lieu ordinaire de ses séances, le mercredi 28 février 1912, à 4 heures du soir.

Sont présents : MM. Mallet, vice-président ; Lambert, secrétaire ; Eug. Allorge, Auverny, Philien Godard, de Chauveron, Hébert, Perrin, Peupion et Quatremarre fils.

Se sont fait excuser de ne pas pouvoir assister à la séance : MM. Angérard, président; Maurice Collignon, trésorier ; Henri Guibert, docteur Labiche, Laporte, Mouchard et Revert.

En présentant les excuses de M. Angérard, M. Mallet rappelle le deuil récent qui prive aujourd'hui la Société de la présence de son dévoué Président, et il croit être l'interprète de tous en exprimant la grande part que les membres de la Société prennent à la douleur de M. et Mme Angérard si cruellement atteints par le décès de M. Pierre Angérard, leur fils.

L'assemblée prie M. Mallet de transmettre à M. et Mme Angérard, ainsi qu'à M. Albert Angérard et à Mlle Cécile Angérard, avec l'expression de leur profonde sympathie, l'assurance de leurs plus sincères condoléances.

Le Secrétaire donne ensuite lecture du procès-verbal de la dernière séance, lequel est adopté sans observations.

M. le Président fait part à la réunion du décès de deux des membres de la Société, MM. Georges Loisel et Symphorien Collignon.

M. Georges Loisel était entré dans la Société dès sa fondation ; il avait succédé comme archiviste à M. Saint-Martin, démissionnaire en 1894.

M. Symphorien Collignon avait été admis comme membre actif de la Société à la séance du 11 décembre 1911.

Le Président exprime les regrets de l'Assemblée pour la disparition de ces deux membres.

Il est procédé au dépouillement de la correspondance comprenant :

1º Une nouvelle lettre de M. le général Avon au sujet de la pétition adressée aux pouvoirs publics pour la sauvegarde des monuments religieux non classés ;

Connaissance prise de cette lettre l'assemblée charge son Président de faire parvenir à M. le général Avon un extrait de la délibération du 5 avril 1911 en ce qui concerne la décision prise sur cette question, espérant que M. le général Avon, mieux pénétré de la pensée qui a guidé la majorité de l'assemblée dans le vote exprimé dans cette séance, ne donnera pas suite à la lettre de démission de membre de la Société qu'il a cru devoir envoyer.

2º Le Bulletin mensuel de la Société « La Pomme » ;

3° Le Répertoire d'Art et d'Archéologie (année 1911);

4° Une notice de M. le docteur Henri Martin, de Paris, concernant la présentation d'un crâne humain trouvé avec le squelette, à la base du moustérien à la Quina (Charente) ;

5° Des Bulletins mensuels de la librairie Paul Ritté, de Paris;

6° Le Bibliophile Normand, catalogue de la maison de librairie Brunet, de Caen ;

7° Deux numéros de la *Dépêche de Rouen*, des 26 et 27 décembre 1911, dans lesquels M. Fernand Evrard, de Louviers, professeur à Paris, a analysé l'ouvrage de M. Maurice Collignon, *Napoléon dans l'Eure.*

Au sujet de cet ouvrage M. le Président fait observer que M. Maurice Collignon a été l'un des lauréats de la Société libre d'Agriculture de l'Eure pour le prix Fouché au concours historique de 1911 ;

8° Une lettre de la Société des Amis du Mont-Saint-Michel, ayant trait à la conservation du caractère artistique et pittoresque du mont.

Au désir de cette lettre, la réunion exprime le vœu que les mesures nécessaires soient prises pour la protectiou du mont et la conservation de son caractère artistique ;

9° Une lettre de la Société des Amis des Monuments rouennais contenant une invitation d'assister le jeudi 7 mars prochain, à la commémoration du centenaire de l'abbé Cochet ;

10° Une lettre de M. Jean Bertot, président du Caveau de Paris, disant qu'il se met à la disposition de la Société pour faire une conférence sur la chanson au XIXe siècle.

Le Président en donne lecture, mais comme certains passages de cette lettre ne sont pas suffisamment précis, l'assemblée consultée remet sa décision à une prochaine séance, priant son Président de demander à M. Jean Bertot des renseignements complémentaires notamment à l'égard des conditions pécuniaires du concours de l'artiste indispensable pour une conférence sur la chanson.

11° Une lettre de M. Husson, greffier de la Justice de Paix des Andelys, demandant à la Société de souscrire à *La Glèbe Normande,* revue mensuelle de tourisme, de littérature et d'art normand ;

12° Un appel de la Ligue française pour la protection des oiseaux, fondée par la Société d'acclimatation de France.

L'assemblée exprime ses regrets que la situation financière de la Société ne lui permette pas de répondre favorablement aux demandes de souscription qui lui sont adressées de diverses parts et passe à l'ordre du jour.

Sont admis à l'unanimité comme membres actifs de la Société :

M. Champier, greffier du Tribunal civil, présenté par MM. Angérard et de Chauveron ;

M. Melin, inspecteur-adjoint des eaux et forêts, présenté par les mêmes ;

Et M. Jacques Loisel, soldat au 129e régiment d'infanterie, en garnison au Havre, fils du regretté archiviste de la Société, présenté par MM. Angérard et Mallet.

Rien n'étant plus à l'ordre du jour et personne ne réclamant la parole, la séance est levée à 6 heures.

<hr>

SÉANCE DU 27 JUIN 1912

La Société s'est réunie à l'Hôtel de Ville, lieu ordinaire de ses séances, le jeudi 27 juin 1912, à 5 heures du soir.

Etaient présents : MM. Angérard, président ; Mallet, vice-président ; Lambert, secrétaire ; Allorge, Bourgoin, de Chauveron, Ph. Godard, Guibert, Hébert, Peupion, Pézier, Poussin et Revert.

Se sont fait excuser : MM. Maurice Collignon, Léon Coutil, Laporte et le chanoine Porée.

Lecture est donnée par le Secrétaire du procès-verbal de la dernière séance qui est adopté sans observation.

Il est ensuite procédé au dépouillement de la correspondance. Elle comprend :

1° Deux lettres de M. le général Avon, l'une confirmant sa démission de membre actif, et l'autre indiquant quelle solution pourrait être donnée par la Société à la proposition Barrès (protection des monuments religieux).

M. Eugène Allorge demande s'il ne paraîtrait pas convenable

aux membres de la Société de revenir sur le vote émis dans la séance du 5 avril 1911.

Le Président fait observer que ce vote ne portait pas sur la proposition Barrès, mais bien sur une proposition beaucoup plus étendue émanant de la Société historique et archéologique de Pontoise et du Vexin.

Une discussion générale s'engage à ce sujet, et il est décidé que l'ordre du jour de la prochaine séance comprendra notamment une proposition tendant à accepter le vœu que M. Barrès doit soumettre aux Chambres ;

2° Une lettre de M. Tournouër, président de la Société historique et archéologique de l'Orne, demandant la liste des membres de notre Société pour la distribution de circulaires concernant une souscription destinée à l'érection d'un monument à Orderic Vital ;

3° Une circulaire du Syndicat d'initiative de tourisme de Versailles et environs se mettant à la disposition de la Société au cas où une excursion aurait lieu dans cette ville ;

4° Les Bulletins de la Société « La Pomme » (avril et mai) ;

5° Le répertoire d'Art et d'Archéologie pour le quatrième trimestre de 1911 ;

6° Une lettre du Secrétaire général de la Société « Les Amis du Mont-Saint-Michel » annonçant l'envoi du premier Bulletin trimestriel de cette Société.

Le Président donne lecture du rapport de M. Doucerain, secrétaire perpétuel de la Société libre de l'Eure, en ce qui concerne le prix Fouché dont la moitié a été attribuée à M. Maurice Collignon, ainsi qu'il a été dit dans une précédente séance. Le Président a été amené par cette lecture à parler des études faites par M. Evrard, l'un des conférenciers de la Société, sur Napoléon et l'impératrice Joséphine, études publiées dans les journaux la *Dépêche de Rouen* et l'*Industriel de Louviers*.

Il exprime l'espoir de voir M. Evrard, enfant de Louviers, qui est un travailleur acharné, devenir prochainement membre de la Société.

Connaissance est donnée à la réunion de deux lettres de démission données par M. Anty, nommé juge au Tribunal civil d'Evreux, et par Mme Gambu, propriétaire à Louviers.

Pour suivre l'ordre du jour le Président indique quelles sont les excursions qui pourraient être faites au cours de l'été. La réunion décide de renouveler une excursion déjà faite à Elbeuf, La Bouille, Moulinaux, Grand-Couronne, en y ajoutant une visite aux carrières de Caumont.

D'une note remise par M. Maurice Collignon à M. le Président, il résulte que la situation de la caisse de la Société s'établit comme suit :

En recettes . . . . , ... Fr.   121.05
En dépenses. 9.50
En sorte qu'il reste en caisse 111.55

A ce reliquat s'ajouteront à bref délai les cotisations dont le recouvrement est en cours.

L'ordre du jour étant épuisé et personne ne demandant plus la parole, la séance est levée à 6 heures.

LES

ORIGINES DE LOUVIERS

Par Henri GUIBERT

AVANT-PROPOS

Aucun texte ne mentionne le nom de Louviers avant le
Xe siècle. Jusqu'à cette époque un mystère profond plane sur les
origines de la ville. Toutes les personnes qui se sont occupées
de son histoire ont essayé de dissiper cette obscurité.

En 1856, le Congrès archéologique tenu à Louviers a résumé
tout ce qui, à cette date, pouvait projeter quelque lumière sur
ce mystérieux passé.

Plus tard, M. G. Petit, dans son *Histoire de Louviers*, est entré
dans la même voie avec un certain succès en appelant à son aide
la Géologie et l'Archéologie.

De nos jours, M. L. Coutil a fait un travail considérable dans
lequel il signale et résume tout le passé préhistorique, gaulois,
gallo-romain et mérovingien de chaque commune des cinq départements de notre Normandie.

En ce qui concerne Louviers, cette remarquable et précieuse
Etude donne des renseignements très étendus, mais le sujet est
en quelque sorte inépuisable, c'est pourquoi nous avons assumé
la tâche de faire de nouvelles recherches sur cette question qui
présente à nos yeux un grand intérêt.

Grâce à l'extrême obligeance de M. Hébert à qui la ville est
redevable de l'ordre vraiment remarquable qui règne à la Bibliothèque, nous avons pu compulser à loisir de nombreux documents manuscrits dont il a pris soin de faire un inventaire très
complet et très clair. Les notes de M. Lalun surtout nous ont
fourni beaucoup de renseignements d'un grand intérêt pour
l'histoire de la ville.

Le travail que nous soumettons à nos lecteurs n'est en
quelque sorte qu'une récapitulation de ce qui a été fait précédemment; il n'a d'autre but et d'autre utilité que de grouper et
d'exposer tout ce que nous avons pu apprendre concernant les
origines de Louviers et d'éviter ainsi à nos successeurs des
recherches parfois longues et arides.

Chapitre Premier

L'HOMME PRÉHISTORIQUE DANS LA RÉGION
DE LOUVIERS

La science actuelle fait remonter l'apparition de l'homme au commencement de l'époque quaternaire [1].

Pendant cette période géologique très longue, puisque les estimations les plus modérées lui assignent une durée de 90.000 à 100.000 ans, le climat de notre pays a présenté plusieurs phases successives. Il fut d'abord très chaud et extrêmement humide, puis très sec et froid, enfin, après une assez courte réapparition d'un régime humide qui donna lieu à la création des tourbières, il devint à peu près tel qu'il est encore de nos jours.

La première phase d'extrême douceur de température et de grande humidité fut marquée par des phénomènes géologiques et atmosphériques intéressants.

Tandis que sur les massifs élevés, la pluie, le névé, la neige, engendraient d'énormes glaciers, dans les vallées à peine ébauchées à la fin du tertiaire, mais comblées encore de matériaux de toutes sortes, des fleuves considérables étalaient des eaux rapides sur toutes les surfaces inférieures en altitude, du moins dans nos contrées, à 100 mètres environ du niveau de la mer.

Ces masses d'eaux creusaient et déblayaient le lit de ces fleuves gigantesques, et, dans leurs crues colossales et fréquentes, rongeaient sans cesse le flanc des hauteurs, produisant des éboulements considérables, dont le principal effet était de modifier souvent sur certains points leur cours primitif.

Ces modifications apportées à leur direction sont faciles à constater lorsqu'on observe attentivement ce que les géologues appellent les terrasses, qui ne sont autres que les lits successivement abandonnés par les fleuves de l'époque quaternaire dans le creusement de plus en plus profond des vallées.

Dans notre région, la terrasse la plus élevée, autrement dit le plus ancien des différents lits adoptés successivement par le fleuve quaternaire, est la plaine qui s'étend entre la côte de la

____

[1] Peut-être même à la fin de l'époque tertiaire.

Justice, le Petit-Mesnil, la Carrière et qui aboutit vers Louviers auprès de la Haye-le-Comte.

Il n'est pas impossible qu'il y ait eu à cette époque une barrière infranchissable obstruant la vallée entre les Monts et la côte de la Justice, ce qui expliquerait que le fleuve se soit jeté vers l'Ouest près de la côte qui domine Sainte-Barbe.

La seconde terrasse, bien facile à constater, n'est autre que la partie haute de la ville comprise entre le boulevard du Sud et la route d'Elbeuf.

Enfin tous les obstacles étant vaincus, le fleuve a pu s'étendre librement à un niveau plus bas encore, et le fond de la vallée constitue le dernier lit du grand fleuve quaternaire dont notre rivière d'Eure n'est plus qu'une gracieuse, mais bien faible réduction.

Pendant toute cette période quaternaire la flore fut abondante et variée, peu différente de celle que nous voyons aujourd'hui autour de nous, mais la faune subit des modifications très importantes. Beaucoup d'espèces que nous connaissons existaient déjà, d'autres ont entièrement disparu; certaines ne se retrouvent plus dans nos régions, mais se rencontrent encore en abondance sous les latitudes plus voisines de l'Equateur.

Aux débuts de la phase chaude et humide, on trouve l'*Elephas antiquus* (Mastodonte), le *Rhinoceros Merchi*, l'*Hippopotamus Major*, totalement disparus et qui n'ont pas survécu à la fin de la première période chaude et humide, mais, en même temps vivaient l'*Elephas primigenius* (Mammouth), le *Rhinoceros tichorhinus*, le lion, l'ours, l'hyène des cavernes, le cheval, etc.

Ces dernières espèces purent presque toutes supporter le climat sec et froid qui succéda à la première période humide et chaude et vécurent en même temps que le renne et diverses espèces qui ont émigré vers le Nord lors de la réapparition d'un climat plus humide et moins froid.

Dans son *Traité de Géologie* [1], M. de Lapparent résume ainsi la question :

« De cette manière, dit-il, l'époque quaternaire ancienne jusqu'au rétablissement du régime humide avec les tourbières, pourrait se diviser en trois âges se fondant insensiblement les uns dans les autres :

---

[1] Page 1233, *Traité de Géologie.*

« 1° Age de l'*Elephas antiquus* dominant ;

« 2° Age de l'*Elephas primigenius* et du *Rhinoceros tichorhinus*;

« 3° Age du Renne dominant ».

———

C'est dans ce milieu que l'Homme apparut aux premiers siècles du quaternaire. Dans les forêts épaisses il eut à se défendre contre le mammouth, le rhinocéros, le lion, l'ours, etc., n'ayant pour se protéger contre ces adversaires redoutables, que des massues et des épieux en bois qu'il façonnait à l'aide de pierres taillées plus ou moins habilement et qui lui servaient à la fois d'outils et d'armes, car il ignorait absolument l'usage des métaux.

Sa présence sur la terre à cette époque [1] est scientifiquement établie par la découverte dans les graviers des fleuves, dans les limons déposés par les eaux, dans les cavernes où il se réfugiait pour échapper aux intempéries ou aux dangers qui le menaçaient, des instruments ou armes en pierre dont ils se servait qu'on y trouve mélangés aux ossements des animaux dont nous venons de parler. Plusieurs débris de squelettes humains ont été trouvés dans les mêmes conditions, des crânes surtout qui ont donné lieu à des études du plus haut intérêt. Broca, Hamy, Quatrefages, etc., ont fait à leur sujet des comparaisons, pris des mesures, qui leur ont permis d'affirmer que l'être humain dont ces curieux débris nous révèlent l'existence, a vécu pendant bien des siècles dans un état misérable et sauvage.

Voici du reste, ce qu'en disent les savants en parlant des crânes de Neanderthal, de Canstatd et autres : [2]

« Les arcades sourcillières sont très accentuées; le front étroit et bas paraît encore plus fuyant à cause de ce contraste, la voûte crânienne est très surbaissée : assez régulière dans les deux tiers antérieurs, elle se relève au-delà de l'écaille occipitale et se prolonge en arrière. L'ensemble du crâne est relativement étroit, l'indice céphalique descend à 72. Tous ces os sont remarquables par leur épaisseur [3].

Quant à sa mentalité et à ses habitudes probables, voici d'après Sir John Lubbock, de quelle façon on peut les envisager :

———

(1) Boucher de Perthes, de Mortillet, etc.

(2) BERTRAND, *La Gaule avant les Gaulois*.

(3) *Crania ethnica*, par QUATREFAGES et HAMY.

« On croit retrouver les mœurs de l'homme des premières époques quaternaires chez les sauvages de l'intérieur de Bornéo qui n'ont ni cultures, ni semences, qui ne mangent ni riz ni sel, ne s'associent pas les uns aux autres mais errent dans les bois comme des bêtes fauves.. Quant les enfants sont assez grands pour trouver seuls leur nourriture, l'homme et la femme se séparent sans jamais plus songer l'un à l'autre ».

———

Cet homme des premiers temps de l'époque quaternaire, si différent du type actuel, a-t-il vécu dans notre région ?

A cette question, il est permis de répondre par l'affirmative.

En 1875, nous dit M. G. Petit dans son *Histoire de Louviers,* dans la terre argileuse de la briqueterie située à la porte même du cimetière et appartenant alors à MM. Thouet, on découvrait une défense d'Eléphant quaternaire [1]. Cette pièce paléontologique fut déposée au Musée où elle est encore actuellement en compagnie d'une autre défense trouvée en 1903 impasse Saint-Germain.

Ce que M. G. Petit ne disait pas, et pour cause, car les découvertes dont nous allons parler ne furent connues que plus tard, c'est que dans ce même endroit, dans cette même terre argileuse, les ouvriers trouvaient des pierres taillées indiquant nettement que l'homme quaternaire avait vécu dans ces parages à la même époque que l'animal gigantesque dont la défense nous a été si heureusement conservée.

M. Léon Coutil, dans son *Résumé des recherches préhistoriques en Normandie,* relate les mêmes faits en y ajoutant des indications du plus grand intérêt :

« Dans la briqueterie située près du cimetière de Louviers, non loin de Saint-Germain, on exploite une épaisse couche de limon à la base du coteau.

« A la base de cette couche d'argile jaune pâle, et fortement calcaire, au-dessus d'un petit lit de cailloux qui est à peine visible, les ouvriers ont recueilli des instruments et des ossements sur trois points différents.

« Aux débuts de l'exploitation de la carrière en 1875, non

———

[1] *Elephas primigenius.*

loin du pied du mur du cimetière, ils trouvaient des lames de silex associées à des ossements de cheval et à une belle défense d'*Elephas primigenius* de 0^m90 de longueur qui est conservée au Musée de Louviers, puis près du chemin du cimetière, des lames de silex également associées à des canons de cheval que M. Thaurin possède. [1]

« Enfin, en 1892, près du logement actuel du briquetier, MM. Faugas et Izambert, ont recueilli, toujours au même niveau, à une profondeur de 1^m80 environ, 5 haches plates triangulaires de 0^m14 de longueur, taillées des deux côtés et offrant un talon, puis une sorte de disque racloir très plat aussi et ayant 0^m12 de diamètre ; tous ces instruments sont fortement cacholonnés.

« Des lames et des nucléi en silex noir ont été également recueillis par M. Chédeville au même endroit. En amont de la briqueterie, c'est-à-dire au pied du cimetière et à l'altitude de 40 mètres environ, voici quelles sont les différentes couches de limon :

« Terre végétale	0^m30
« Argile brune	2^m00
« Argile jaune pâle calcaire avec instruments et ossements.	1^m00
« Argile jaune pâle.	3^m00
« Argile ocreuse plus foncée	1^m50
« Argile jaune pâle sableuse	1^m00
« Argile à silex et craie	»^m»»
	8^m80

Disons tout de suite que, de cette même provenance, nous possédons une dent de *Rhinocéros tichorhinus* qui nous a été cédée par le briquetier il y a 15 à 20 ans et que M. Legoas qui aujourd'hui exploite la briqueterie située au haut de la rue des Hayes-Mélines a lui-même trouvé 4 ou 5 pierres taillées dans la briqueterie du cimetière alors que, jeune encore, il travaillait à cet endroit.

Les pierres que possède M. Legoas et qu'il a eu la complaisance de nous prêter, sont à n'en pas douter, nettement paléo-

---

[1] Mme veuve Thaurin a bien voulu nous montrer les différents objets recueillis par M. le docteur Thaurin, ils sont en parfait état et tels que le docteur les avait lui-même serrés dans une petite boîte en bois.

lithiques, c'est-à-dire de l'époque ancienne du quaternaire. Elles sont taillées sur les deux faces, leur patine est blanche ; elles proviennent du silex de notre région, ce que l'on peut constater en examinant la cassure de l'une d'elles qui montre un silex dont la couleur sombre est semblable à celle des silex de nos carrières en exploitation.

Ainsi que le dit fort justement M. L. Coutil, la briqueterie du cimetière est située à 40 mètres environ au-dessus du niveau de la mer. Notre première pensée était que les masses argileuses de cet endroit avaient été déposées par les remous du grand fleuve quaternaire, mais nous avons dû abandonner cette opinion après avoir consulté sur cette question une personne d'une compétence indiscutable en matière géologique, M. Maurice Allorge [1].

« J'ai examiné cette formation, nous a-t-il dit en substance, elle n'est point due comme vous le croyez à l'action des eaux fluviales, mais à une toute autre cause, au ruissellement provenant des pluies torrentielles de l'époque quaternaire, et la preuve c'est que cette formation ne contient aucuue coquille lacustre ou fluviale, mais seulement des coquilles terrestres bien connues : l'*Hélix hispida* et la *Puppa muscorum*. Cette formation est donc du loës et non du limon d'alluvion ».

Il n'en est pas moins démontré que l'homme préhistorique a vécu dans notre région à cet endroit : la quantité de ces instruments de pierre que l'on peut évaluer au moins à une cinquantaine, prouve même qu'il y a longuement séjourné.

La façon dont ces pierres sont taillées les rattachent dans le classement des objets préhistoriques à l'une des périodes anciennes et le fait qu'on les trouve mélangées à des ossements d'animaux quaternaires achève de nous convaincre que vers le milieu de cette période géologique l'homme a vécu dans la région où s'est bâtie plus tard notre ville natale.

Bien d'autres pierres paléolithiques ont été recueillies soit à Louviers même, soit dans ses environs, et on trouvera l'indication de ces découvertes dans l'ouvrage déjà cité de M. L. Coutil.

Pour notre part, nous en avons trouvé quelques-unes, ainsi

---

[1] M. Maurice Allorge est licencié en droit et ès-sciences naturelles, maître de conférences de Géologie et de Géographie physique à l'Université d'Oxford.

du reste, que des débris de la faune quaternaire [1], mais presque toujours ces reliques du passé ont été rencontrées à la surface, ce qui ne leur donne qu'une importance relative, car elles ont pu être apportées de bien loin à l'endroit où elles ont été découvertes.

Une trouvaille faite près du réservoir des eaux de la ville et signalée par M. L. Coutil eut été bien autrement intéressante si elle avait été l'objet d'un examen attentif. Il y a quelques années, à cet endroit, des ouvriers auraient trouvé à une profondeur d'environ 2 mètres, des pierres taillées en même temps que des ossements d'animaux. Malheureusement, aucune personne compétente n'assistant à cette découverte, rien ne fut constaté scientifiquement et les différents débris trouvés à cette époque paraissent avoir été dispersés ou détruits.

———

Pendant les 90.000 à 100.000 ans que dura le quaternaire, l'Homme ne resta pas toujours tel que nous l'avons dépeint, peu à peu il se perfectionna, modifia son outillage ; il en arriva même pendant l'époque dite « Magdalénienne » par les savants préhistoriens, à graver sur des os ou de l'ivoire avec un sentiment artistique extraordinaire, la représentation fidèle des animaux qui l'entouraient, tels que le mammouth, le cheval, le renne, etc., en même temps, toujours dans l'ignorance absolue de l'usage des métaux, il arrivait avec son outillage de pierre à préparer les peaux dont il se vêtait et à aiguiser les os dont il armait ensuite ses lances et ses flèches.

Malheureusement pour nous, c'est surtout dans les cavernes du Périgord, de la Vézère, etc., que ces artistes vécurent et, dans notre région, on ne trouve rien qui les rappelle si ce n'est parfois quelques lames de silex, des grattoirs, etc., dont ils se servaient et qu'on trouve un peu partout disséminés à la surface.

Il nous faut donc pour retrouver l'Homme préhistorique dans notre région aborder l'aurore des temps actuels que caractérisent la pierre polie, les monuments mégalithiques et les cités lacustres.

---

(1) Dans la carrière de la route d'Elbeuf, un ouvrier qui travaillait sur des éboulis de calcaire et d'argile a trouvé un ossement d'*Elephas primigenius* qu'il nous a cédé et que nous possédons encore.

CHAPITRE II

L'HOMME DE LA PIERRE POLIE
ET DES MONUMENTS MÉGALITHIQUES [1]
DANS LA RÉGION DE LOUVIERS

Entre la période quaternaire et l'aurore des temps actuels il y a une différence très grande.

L'aspect de la vallée ne diffère plus sensiblement de ce qu'il est aujourd'hui ; la rivière est désormais contenue dans des limites assez fixes et n'a guère un plus grand débit que de nos jours, cependant elle donne naissance en plusieurs endroits à de vastes marécages.

Les grands animaux du quaternaire ont été détruits ou ont émigré, le mammouth, par exemple, dont on retrouve encore des cadavres intacts dans les blocs de glace des grands fleuves sibériens, et le renne qui, autrefois domestiqué par l'Homme magdalénien, est remonté vers le Nord.

Le climat est devenu stable et très semblable à celui qui nous régit.

Mais un peuple nouveau venu de loin, du Nord ou du Caucase, s'est établi dans nos contrées en conquérant. Ces nouveaux venus ne sont plus les sauvages dont nous avons parlé précédemment ; ils savent se vêtir avec des peaux et même des tissus, cultiver la terre, ils savent aussi fabriquer des poteries grossières et domestiquer les animaux. Chose plus caractéristique, ils ont le respect des morts et leur donnent une sépulture par incinération parfois, plus souvent par inhumation mais ils ignorent toujours l'usage des métaux. Leurs armes sont encore en pierre qu'ils polissent et insèrent dans des cornes de daim ou de cerf que, préalablement, ils ont percées pour y adapter un manche. Les os aiguisés sont employés dans les mêmes conditions.

Devenus plus sociables, les hommes nouveaux paraissent

---

(1) Nous devrions ajouter « et des palafittes ou cités lacustres », mais il n'en a pas été trouvé dans nos contrées, et pour ne pas encombrer notre sujet nous avons cru bon de laisser cette question de côté.

avoir constitué des tribus, peut-être même des peuples déjà importants. Des croisements ont lieu entre la nouvelle race et l'ancienne, et leur résultat est en faveur des nouveaux venus.

Aux crânes dolichocéphales des peuples primitifs se substituent de plus en plus les crânes brachicéphales où le front est plus développé, la capacité crânienne plus grande, l'indice céphalique plus élevé. La race devient plus intelligente et néanmoins, chose singulière, tout sentiment artistique paraît avoir disparu ; en revanche, l'homme nouveau possède de singulières connaissances chirurgicales ; avec ses outils de pierre il sait trépaner et obtenir ainsi la guérison de blessures très graves.

En résumé, l'Homme des monuments mégalithiques est un être bien supérieur à l'Homme du quaternaire et désormais entre lui et l'Homme actuel il n'y aura guère de différence anatomique ou cérébrale à constater. Avant lui l'étude du type humain présentait d'immenses difficultés par suite de l'absence complète de tout rite funéraire ; maintenant, grâce au soin religieux dont les nouveaux occupants de notre sol vont entourer les morts, il sera plus facile de connaître leur structure anatomique, leurs armes, leurs ustensiles et même les ornements dont ils se paraient.

Nos lecteurs le savent, les monuments mégalithiques, menhirs, dolmens, cromlechs, tumulus, etc., ont tous été destinés à honorer les morts ou à indiquer les emplacements des sépultures notoires. La structure des dolmens est bien connue : c'est une chambre sépulcrale précédée presque toujours d'une allée [1] qui en permettait l'accès. Le tout était recouvert entièrement de petites pierres ou de terre formant un tumulus : souvent une pierre debout (menhir) était érigée près du tombeau.

Tels sont les dolmens de Locmariaker, du Mont-Saint-Michel près des alignements de Carnac, de Gavrinis dans la mer de Morbihan que nous avons pu visiter et qui surprennent par leur grandeur et leur énormité.

Mais, en dehors de ces monuments, d'autres genres de sépultures plus simples existaient à cette époque. Elles étaient constituées par de simples caissons de pierres moyennes assez grandes toutefois, pour que les corps inhumés de cette façon fussent protégés de tout contact.

---

(1) Le dolmen était construit avec de grandes dalles d'un seul morceau juxtaposées pour les parois et posées transversalement pour le plafond.

Dans notre région il ne paraît y avoir eu aucun de ces dolmens si imposants par leur masse, cependant les sépultures de l'époque de la pierre polie n'y sont pas rares et on a tout lieu de supposer qu'une population assez dense habitait la vallée d'Eure.

A Louviers même, d'après M. G. Petit [1] « en 1863, en faisant des fouilles de 2 mètres environ de profondeur en dehors des murs de l'Eglise, mais à leur pied depuis le grand portail du Sud jusqu'à la hauteur du chevet, on découvrait dans le fond même du terrain exploré, là où la présence de l'eau d'infiltration arrêta le travail d'investigations, une sépulture celtique bien caractérisée par les vases funéraires et la hachette de silex qu'elle contenait.

Découverte non moins importante en 1842, à 3.500 mètres environ du centre de Louviers, en construisant la route de Saint-Pierre, on trouvait auprès de la ferme de Basse-Crémonville une sépulture du plus grand intérêt [2]. Malheureusement les ouvriers avertirent trop tard leur chef de service de ce qu'ils rencontraient ; cependant, on put se rendre compte que sous une pierre énorme qu'il avait fallut déplacer pour le passage de la route, un tombeau singulier avait existé. Ce tombeau de forme circulaire d'un dia-mètre de 4^m50 renfermait un grand nombre de squelettes disposés sur des lits de pierres plates séparés les uns des autres par d'autres pierres et ayant tous les pieds placés au centre de la sépulture ; trois couches de squelettes disposées dans le même ordre se super-posaient et l'ensemble du tombeau, depuis le sol de la vallée jusqu'au niveau inférieur de la grosse pierre déplacée par les ouvriers avait 1^m65 de hauteur.

A 40 mètres de cette sépulture si remarquable gisait un menhir qui a été relevé et transporté près de la route où nous pouvons le voir encore.

On fit quelques recherches sous d'autres fragments de roche sans rien découvrir, « cependant, nous dit M. Bonnin dans sa notice, à moins d'un kilomètre de là vers Louviers, sous un rocher déjà recouvert par les remblais, on eut peut-être été plus heureux si les frais du travail et le danger pour les terrassiers de miner une masse énorme n'avaient forcé d'interrompre la fouille

---

(1) *Histoire de Louviers*, page 76.

(2) *Notice sur un tombeau celtique* par T. Bonnin, Congrès archéologique de France, 1857, page 342.

lorsque la vue d'ossements humains paraissant disposés comme dans le premier tombeau commençait à faire naître l'espoir ».

Voici, toujours d'après M. Bonnin, la nomenclarture des objets trouvés dans le premier tombeau :

Un fragment de poterie grossière en terre rougeâtre mêlée de gravier paraissant façonnée à la main et dont le peu de consistance fait croire qu'il a été séché au soleil. [1]

Deux bois de daim l'un de 0^m14 et l'autre de 0^m16 de longueur trouvés près des squelettes ; chacun d'eux a une ouverture oblongue dans laquelle furent ajustés des manches aplatis dont on n'a découvert aucune trace ; les aspérités de la corne sont encore apparentes à quelques endroits.

A l'extrémité du premier, une hachette en jade remplit jusqu'à l'ouverture du manche la cavité qu'on lui a faite ; sa longueur est de 0^m08. [2]

A l'autre extrémité on voit encore la base de la corne ; il fut trouvé dans la fouille.

Le second, découvert précédemment par les ouvriers ne porte aucune trace d'ouverture à son sommet où l'on aperçoit encore la section des andouillers, mais il a été creusé à son extrémité inférieure pour y adapter un ossement rond et aiguisé dont les restes sont conservés dans la cavité qu'il remplissait. Il est impossible d'indiquer la longueur de cet ossement qui a été brisé à fleur d'une espèce de bourrelet que la main de l'homme y a façonné.

Dans la *Normandie souterraine*, page 7, M l'abbé Cochet, l'éminent et regretté archéologue, parle de cette sépulture et la range parmi les antiquités celtiques les plus anciennes et les plus intéressantes de nos régions ; il lui trouve, ainsi que M. Bonnin, une analogie frappante avec le dolmen de Cocherel où l'on découvrit en 1685 plus de 20 squelettes, des haches de jade, des poteries grossières, des poinçons en os. [3]

On peut aussi rapprocher de la trouvaille de Crémonville

---

(1) Cette opinion de M. Bonnin est erronée, croyons-nous ; cette poterie serait mal cuite simplement, ce qui expliquerait l'erreur.

(2) Au Musée de Louviers se trouvent bien les deux bois de daim et le fragment de poterie, mais nous n'avons pu encore y découvrir la hachette de jade.

(3) *Le tombeau préhistorique de Cocherel*, par E. Feray, Congrès archéologique de France, LVI⁰ session, 1890, page 392 et suivantes.

celle qui fut faite à Neuilly-sur-Eure en 1856 ; 13 squelettes étaient rangés sur des pierres plates comme à Crémonville.

Plus près de nous, à Léry, en 1874, le dolmen des Vignettes nous donna 13 squelettes accompagnés de haches polies, d'outils en silex, de vases et de colliers, mais là une exploration scientifique fut faite par le docteur Hamy, délégué par le Muséum. [1]

Dans aucune de ces sépultures on ne trouva la moindre trace d'armes ou d'ustensiles métalliques.

En dehors de ce que révèlent ces tombeaux, on a peu d'indications sur les habitudes et les mœurs des populations de l'époque mégalithique. Certains savants donnent comme probable que leurs demeures devaient être construites avec des matériaux différents, dans les mêmes conditions que les dolmens et on cite à l'appui de cette opinion les habitations de certains peuples esquimaux.

Ces habitations se composent d'une pièce très vaste à laquelle on accède par une longue allée ; le tout est enfoui sauf l'entrée, bien entendu, sous une couche épaisse de terre et de neige.

Les peuples de l'époque de la pierre polie avaient certainement des relations commerciales assez étendues car les haches de jade, de jadéite et certains ornements en callaïs ont été fabriqués avec des minéraux qu'on ne trouve pas dans nos pays.

Il est certain qu'ils savaient se servir de barques ou de radeaux et pouvaient se risquer assez loin des rivages; en effet, le dolmen de Gavrinis est situé dans l'île du même nom en pleine mer de Morbihan.

Les monuments mégalithiques sont nombreux ; on en rencontre en Norvège, en Suède, tout le long des côtes de l'Europe occidentale et jusque sur les plages de l'Afrique septentrionale, au Maroc, en Algérie, en Tunisie. [2]

Dès la plus haute antiquité un étrange préjugé attribuait à la foudre et au tonnerre la création des haches polies; de là le nom de pierres de foudre sous lequel elles ont été longtemps désignées; mais ce qui est plus extraordinaire, c'est que ce préjugé a cours

----

(1) *Inventaire des dolmens et menhirs de France-Eure*, par L. COUTIL. Bulletin de la Société normande d'Etudes préhistoriques, tome IV, année 1896.

(2) BERTRAND. *La Gaule avant les Gaulois*, page 109.

encore en Europe, en Sibérie, en Chine, au Japon, à Java, à Madagascar et même au Brésil. [1]

En dehors des monuments et des sépultures dont nous venons de parler, il n'est pas rare de trouver des haches en pierre polie. Tout collectionneur de préhistorique en possède, ainsi que des instruments néolithiques, tels que lames de silex, grattoirs, poinçons, tranchets, etc., mais toutes ces pièces quoique dignes d'être conservées, se rencontrent souvent à la surface et sont loin de présenter l'intérêt des pièces de la même époque trouvées auprès des restes des hommes qui s'en sont servis.

Pour notre part, nous avons trouvé beaucoup de ces pierres néolithiques de surface près de Sainte-Barbe, de la Fringale entre les routes de Rouen et d'Incarville, au Vieux-Rouen, etc. Mais la seule découverte de quelque intérêt que nous ayons faite a eu lieu dans la briqueterie située au bord de la rue Pichou. A cet endroit, dans une poche de 2 mètres de largeur sur 1^m50 de profondeur creusée dans l'argile et remplie de terre et de traces de charbon, nous avons trouvé plusieurs éclats de silex dûs à une percussion intentionnelle, des débris de poterie noire très mal cuite et mélangée de grains de silex, un morceau de pyrite de fer, un nucléus et une boule d'argile de 0^m04 de diamètre ayant passé par le feu.

Malheureusement, la personne qui possédait alors cette briqueterie crut sans doute que nous allions lui ravir un trésor, elle nous invita à nous retirer.

En résumé, il nous paraît démontré aussi bien par la trouvaille faite au pied de l'Eglise que par la sépulture de Crémonville, que l'homme des monuments mégalithiques a vécu sur le territoire de Louviers.

A Crémonville, nous croyons qu'il reste encore bien des choses à découvrir, soit au pied de la côte, soit dans les îles qui l'environnent [2] et nous engageons ceux de nos lecteurs que ces questions intéressent à ne pas perdre de vue cette région. Si des découvertes nouvelles se produisaient, nous avons la conviction que les recherches seraient faites avec méthode, qu'on en relèverait avec soin le plan et que tous les objets trouvés seraient intégralement versés au Musée.

---

(1) BERTRAND. *La Gaule avant les Gaulois*, page 142.

(2) Peut-être aussi sous les roches qui émergent à flanc de coteau trouverait-on de ces abris sous roches bien connus des préhistoriens.

Chapitre III

L'AGE DE BRONZE DANS LA RÉGION DE LOUVIERS

S'il est exact que dans certains pays, notamment en Danemarck, il y a eu une période assez longue pendant laquelle l'usage du bronze s'est substitué à l'usage de la pierre, en France, rien ne permet d'affirmer qu'il y ait eu un âge de bronze bien caractérisé et il n'a été trouvé que bien rarement, croyons-nous, de sépultures renfermant un mobilier funéraire exclusivement en bronze.

Ce n'est pas que les épées, les lances, les hachettes, les bracelets, etc., soient rares en France : il n'est guère de Musées ou de collections qui n'en possèdent en assez grand nombre, mais toutes ces pièces proviennent presque toujours de cachettes de fondeurs, du dragage des rivières ou plus souvent encore d'endroits quelconques où elles ont été perdues.

A Louviers les trouvailles de l'époque du bronze ont été rares.

M. Lalun nous en signale deux :

« En 1848, nous dit-il [1], en dragant la rivière d'Eure, en face la ferme des Cailloux [2] on a trouvé un certain nombre de hallebardes, sabres, etc., mais les ouvriers les ont vendus à la ferraille, sauf une, remise à M. Blangis fils, qui l'a échangée avec M. Lalun en 1858. Celle-ci était en bronze (M. Lalun en donne le croquis). La pièce avait 0^m48 de longueur et à sa base 4 trous pour servir à la river à un manche ou à une poignée ».

Dans les dragages faits en 1868 en face la propriété de Mme Hennebert, on aurait aussi trouvé deux épées de bronze.

Bien qu'il y ait dans notre Musée plusieurs pièces intéressantes, nous ne pouvons signaler aucune autre trouvaille faite sur le territoire de notre ville.

Dans notre région, comme dans presque toute la France, il semblerait que l'usage du bronze s'est confondu avec la dernière période de la pierre polie et l'apparition du fer. En effet, dans certains monuments mégalithiques appartenant à la fin de cette

---

(1) M. Lalun. *Archéologie I*, page 228.

(2) Ferme au-dessous des Abattoirs.

époque, on a trouvé parfois des haches de bronze mélangées avec des haches de pierre polie, des épées en fer et même des ornements en or.

Il se pourrait donc que dans nos pays, presque sans transition l'usage des métaux se soit substitué à l'usage de la pierre.

Chapitre IV

LES GAULOIS

Ainsi que nous venons de le dire, l'usage des métaux et surtout du fer a été introduit assez brusquement dans cette région qui va désormais porter le nom de Gaule.

Plusieurs savants distingués ont vu dans ce fait l'indice d'une invasion nouvelle et n'hésitent pas à reconnaître dans ces nouveaux conquérants les Galates qui, depuis longtemps déjà, venus des bords de la mer Noire en longeant le Danube, s'étaient établis au nord de l'Italie et sur la rive droite du Rhin et auraient enfin pénétré dans nos pays ajoutant ainsi une race nouvelle à toutes celles qui, déjà, s'étaient superposées dans nos régions et qui fondues ensemble allaient désormais constituer le peuple des Gaulois, nos ancêtres.

Entre l'arrivée de ces populations nouvelles et la conquête de la Gaule par les Romains, bien des siècles se sont écoulés, toutefois, l'histoire parle peu des Gaulois ; cela tient en partie au système Druidique qui défendait absolument de commémorer les faits par l'écriture.

C'est seulement à partir du IVᵉ siècle avant notre ère que l'histoire de la Gaule est mieux connue. Toutefois, il est souvent difficile de se faire une idée exacte des mœurs et des usages des peuples qui la composaient et qui étaient, dit-on, plus de 300 groupés en confédérations et se faisant souvent une guerre acharnée.

Il y a bien des cimetières gaulois, mais ils sont parfois difficiles à définir, car souvent, ils se confondent avec la fin de la période mégalithique ou avec le commencement de la période Gallo-Romaine.

En ce qui concerne le territoire de Louviers, nous savons qu'à la veille de la conquête romaine, il faisait partie de la confédération des Aulerques-Eburoviques dont Evreux était une des villes principales.

Les Gaulois à cette époque avaient une civilisation assez avancée, des villes importantes reliées entre elles par des routes carrossables.

En dehors des villes, les habitations étaient assez rudimentaires ; de forme ronde généralement, elles étaient construites avec des poutres, de la terre glaise, etc. Il existe au Louvre un bas-relief romain nous montrant un Gaulois défendant sa maison contre un soldat romain. Cette maison de forme ronde y est représentée d'une manière très complète. Elle est construite en gros troncs d'arbre placés debout et juxtaposés ; on aperçoit une fenêtre faite de la même façon, le toit en forme de dôme est recouvert de feuilles ou de roseaux.

En général, le sol à l'intérieur de ces habitations était au-dessous du niveau extérieur et cette disposition permet souvent de reconnaître l'emplacement d'une demeure gauloise.

Des cimetières antérieurs à la conquête et postérieurs à la fin de la période mégalithique ont été trouvés très près de Louviers, mais aucun sur le territoire actuel de la ville même.

Le Musée de Louviers possède cependant des objets gaulois trouvés dans une sépulture au Vaudreuil ; ils font partie de la collection Goujon et plusieurs pièces sont d'un grand intérêt.

Ce cimetière du Vaudreuil fut découvert en 1858 par M. Goujon ; mis au courant de cette découverte. M. l'abbé Cochet vint y faire des fouilles nouvelles le 30 septembre 1859 et a rendu compte de l'ensemble des trouvailles dans un opuscule [1] plein d'observations de haute valeur.

M. L. Coutil, de son côté, a publié au sujet de ces découvertes un travail très documenté. [2]

Enfin M. Lalun a laissé dans ses notes plusieurs pages manuscrites avec un croquis de l'emplacement de ce cimetière qu'il visita en compagnie de M. l'abbé Cochet ; dans ce croquis il signale une fraction de mosaïque.

L'endroit où l'on a découvert ce cimetière est un tertre situé à peu de distance de la rivière d'Eure. Il se nomme aujourd'hui « La Conninière » ou « La Coulinière » (en 1859) ; il s'appelait autrefois « La Garenne » [3]. M. l'abbé Cochet examina d'abord

---

(1) *Note archéologique sur un cimetière gaulois découvert au Vaudreuil en 1858-1859*, par M. l'abbé COCHET, 1864.

(2) Bulletin de la Société normande d'Etudes préhistoriques, tome XII, année 1904. *Sépultures et foyers gaulois*, par L. COUTIL.

(3) Nom précieux en archéologie nous dit M. l'abbé Cochet, car à presque tous les endroits qui portent ce nom de Garenne ou de Warenne, d'importantes découvertes ont été faites.

les objets déjà trouvés et réunis dans la collection de M. Goujon. Ils se composaient de 20 à 25 vases entiers, ébréchés ou fragmentés dont il donne la description avec planches, puis de clous et de fibules en fer ; enfin de 3 armes, une lance et deux épées ; la lance dont le fer a 0ᵐ27 était garnie d'une bouterolle qui a été retrouvée près de la lance.

« Les deux épées sont en fer, tranchantes des deux côtés et ayant conservé leur soie dont la poignée a disparu. Elles reposent encore dans leur fourreau de fer, d'acier ou de tôle avec lequel elles ont été ployées en trois. Malheureusement une de ces épées avait été redressée par M. Goujon lui-même qui regrettait alors cette opération destructive..La longueur de ces armes était de 0ᵐ98 y compris la poignée et le fourreau. Le fourreau arrondi à la pointe est muni sur toute sa longueur de raies saillantes et transversales, genre d'ornement qui ressemble assez bien à une échelle. Mais la pièce la plus curieuse de toute la collection était un casque en fer, de forme ronde et bombée. Ce casque, haut de 0ᵐ17 et large de 0ᵐ20 était encore muni de ses deux jugulaires longues de 0ᵐ13 que l'oxyde avait détachées des côtés. Il était décoré de boutons dont la forme rappelait les monnaies gauloises. Chose surprenante et jusque-là unique à ce que nous sachions, ce casque servait d'urne cinéraire et il a été trouvé rempli d'os brûlés qu'il contenait encore. On ne saurait guère douter que ces restes humains ne soient ceux d'un guerrier, de celui-là même qui a porté le casque et l'épée. Ajoutons qu'à côté de ces deux objets s'était rencontré le plus beau vase de la collection, ce qui prouve que cette sépulture était la plus distinguée de toutes ».

A la suite de cet examen, M. l'abbé Cochet faisait lui-même le 20 septembre 1859 des fouilles sur le même emplacement ; il trouva 7 à 8 sépultures.

« Chaque sépulture, nous dit-il, s'annonçait par un cercle noir incinéré. Le terrain était tout semé de charbons de bois...

« Ce dépôt dût généralement être confié à la terre dans une caisse de bois fermée avec des clous à pointe carrée et à tête plate...

« Les dépôts se composaient habituellement d'un vase, d'une fibule et d'os brûlés et concassés. Tous les vases que nous avons rencontrés étaient bien gaulois par le type comme par la forme. Tous affectaient ce mode simple et primitif que l'on a conservé dans nos jardins sous le nom de pot à fleur...

Après avoir décrit un à un tous les objets trouvés dans les 8 sépultures découvertes devant lui, le savant archéologue termine ainsi son opuscule :

« Il nous reste maintenant à examiner quelles conclusions on peut tirer de ce qui précède.

« Nous croyons avoir ici un cimetière gaulois indigène, le champ de repos d'une tribu Aulerques-Eburoviques. La poterie nationale le démontre suffisamment. La présence d'armes à peu près inconnues dans les incinérations romaines, la forme ployée des épées plaident encore en faveur de la nationalité. J'en dis autant de ces broches ou fibules en fer que l'on ne rencontre plus dans les cimetières du haut empire...

« Mais si nous devons nous réjouir de rencontrer ici le caractère national, nous ne devons pas hésiter non plus à y reconnaître une grande partie de l'influence de la conquête. C'est d'abord l'incinération que quelques-uns considèrent comme une importation romaine et qui, dans tous les cas, ne fut point le premier mode d'inhumation en Gaule ; ensuite, c'est la présence de caisses funèbres, coutume très en honneur chez les gallo-romains, le mélange de vases évidemment antiques, enfin, et surtout, la présence dans quelques tombes de monnaies des premiers empereurs.

« Cette dernière particularité s'est déjà rencontrée à Port-le-Grand et dans quelques autres cimetières gaulois.

« Je conclus de tout ce qui précède, que le cimetière du Vaudreuil a été le champ de repos de cette bourgade à l'époque où pénétra et s'établit parmi nous la civilisation romaine.

D'autres découvertes de cimetières gaulois ont été faites à Léry, au Manoir, à Martot, mais la plus célèbre et la plus belle trouvaille est celle du casque d'or d'Amfreville-sous-les-Monts. [1]

« Ce casque que M. Thaurin a été le premier à signaler à M. le Directeur Général des Musées Impériaux a été offert à S. M. l'empereur Napoléon III par M. Bizet. Il fait aujourd'hui partie de la riche collection du Louvre où on lui a réservé une place d'honneur dans le salon spécial des bijoux et de l'orfèvrerie antique des Grecs et des Romains ».

Voici comment eut lieu la découverte de cette pièce réellement précieuse :

---

[1] Bulletin de la Société des Antiquaires de Normandie, 2ᵉ et 3ᵉ trimestres, 1861, page 399 avec figure.

« Au printemps de 1841, les ouvriers de M. C. Bizet, ancien officier de cavalerie, propriétaire du château de Canteloup, à Amfreville-sous-les-Monts, trouvèrent à 3 ou 4 mètres de profondeur, sous la vase d'un ancien lit de la Seine, un précieux casque antique formé de bronze, d'émaux et d'or. Ce casque, le plus riche et le plus remarquable peut-être que l'on connaisse en Europe, diffère essentiellement pour la forme, la matière et le style des ornements de tous les casques grecs, romains ou byzantins venus jusqu'à nous et de presque tous ceux qui se trouvent représentés sur les monuments antiques.

« Le casque trouvé à Amfreville se fait principalement remarquer par le riche bandeau d'or très fin qui ceint toute sa circonférence vers le milieu : le bandeau se compose d'une feuille de bronze très mince recouverte d'un paillon d'or ayant l'épaisseur d'un millimètre environ. Il est orné d'élégants rinceaux, de fleurons et d'un double grainetis obtenu et repoussé ».

L'auteur de cette notice de 1861, M. Thaurin et plusieurs archéologues éminents attribuaient ce casque à quelque chef Germain du IIIe ou IVe siècle de notre ère, mais depuis l'époque où la notice a été publiée, M. Léon Coutil, qui a fait à ce sujet des recherches très étendues, est arrivé à cette conclusion que ce casque magnifique appartenait à la période gauloise antérieure à la conquête. [1]

Bien que le Vaudreuil et Amfreville-sous-les-Monts soient assez éloignés de Louviers ; il nous a paru nécessaire de nous étendre, peut-être un peu longuement, sur ces découvertes ; celles du Vaudreuil ont fourni au Musée de Louviers des objets qui devraient figurer à une place d'honneur, car le casque de fer gaulois est une pièce extrêmement rare ; quant au superbe casque d'Amfreville, il est d'une telle beauté et d'une telle rareté, il est si connu et si apprécié dans le monde savant qu'il nous a semblé bien difficile de n'en pas parler d'une façon détaillée.

A Louviers, malheureusement, les vestiges de la civilisation gauloise font presque entièrement défaut ; cependant très près de Louviers, à Pinterville, dans la garenne du château, on a trouvé au milieu des débris d'une villa romaine, plusieurs monnaies gauloises en or très intéressantes, dont M. L. Coutil parle dans

---

(1) *L'Epoque Gauloise*, par L. COUTIL, page 82 et suivantes, dans le Bulletin de la Société normande d'Etudes préhistoriques, tome IX.

son ouvrage déjà cité [1]. Trois autres monnaies gauloises décrites également par M. L. Coutil auraient été trouvées à Louviers même.

M. G. Petit, dans son *Histoire de Louviers* estime que, déjà du temps des Gaulois, une ville ou un bourg existait entre ce qui est aujourd'hui le boulevard du Sud, la place du Champ-de-Ville, la rue du Matrey et la rivière ; mais cette hypothèse, peut-être vraisemblable, ne s'appuie sur aucun fait bien constaté.

Il attribue aussi à la même époque [2] un puits découvert près de l'octroi de la route d'Evreux ; il nous a paru plus plausible de reporter l'origine de ce puits à l'époque gallo-romaine et nous en reparlerons plus loin.

---

[1] Société d'Etudes diverses de Louviers, tome IV. *Archéologie gauloise, etc.*, par L. COUTIL, pages 48 et 49 pour les monnaies trouvées à Louviers, et pages 54, 55 et 56 pour celles trouvees à Pinterville

[2] *Histoire de Louviers*, par M. G. PETIT, page 27.

Chapitre V

LOUVIERS A L'ÉPOQUE GALLO-ROMAINE

LES VOIES ROMAINES

Nous avons indiqué précédemment que les Romains, au moment de la conquête, trouvèrent de nombreux chemins gaulois ; les Romains en tirèrent parti en les perfectionnant, mais surtout ils construisirent, on sait avec quel soin, des voies stratégiques nécessaires à leurs armées qu'accompagnaient des machines de guerre puissantes et des charriots destinés à transporter des approvisionnements.

On a sur l'ensemble des voies romaines, deux sources précieuses d'informations. L'itinéraire d'Antonin qui donne les distances d'une ville à l'autre en mille romains (1481 mètres) et la table de Peutinger qui figure la topographie du pays, mais dans des conditions assez inexactes comme distances et positions relatives entre les différents points indiqués.

A l'aide de ces documents, et aussi des restes non discutables de fragments de voies romaines subsistant encore, on a pu reconstituer certains itinéraires entiers. [1]

En ce qui concerne Louviers, nous croyons que la route principale sur laquelle la ville s'est développée, venait d'*Uggate* (Caudebec-lès-Elbeuf), passait par Saint-Pierre-lès-Elbeuf, entrait dans la forêt près des Fosses, suivait la crête Nord du vallon du tir [2] et faisait sa jonction près de la ferme de la Londe avec une autre route venant des Damps par la forêt de Bord.

Les deux routes n'en formant plus qu'une, celle-ci traversait la ville actuelle dans la direction de la rue de l'Echo, de la rue

---

[1] Pour l'étude de cette question nous signalons à nos lecteurs les ouvrages suivants :
Bulletin de la Société d'Etudes diverses de Louviers, t. III, ann. 1895, M. L. COUTIL, pages 78 et suivantes.
A. LE PRÉVOST. *Mémoires et Notes,* tome I, Iʳᵉ partie, pages 6 et 71.
Essai sur les Origines et la topographie d'Uggate, par M. SAINT-DENIS, Elbeuf, 1910.

[2] Au-dessus par conséquent de la route actuelle d'Elbeuf à Louviers et traversant ainsi les triages suivants en allant du chêne Leguay à Louviers : Les Régales et l'Epine-Enguerrand.

Dupont-de-l'Eure et de l'ancienne route d'Evreux pour se diriger vers Sainte-Barbe, Acquigny, les Planches et jusqu'à Evreux (*Mediolanum Aulercorum*).

Bien d'autres voies plus ou moins importantes devaient exister encore dans notre région ou ses environs, notamment la grande voie de Rouen à Chartres passant par *Uggate* (Caudebec-lès-Elbeuf), Saint-Pierre-lès-Elbeuf, la Haye-Malherbe, Crasville, Quatremarre, Canappeville, Hondouville, la Vacherie, Irreville, Evreux, etc.

Un chemin plus modeste venait, dit-on, des Fosses à Saint-Lubin, descendait sous la Carrière, vers la Haye-le-Comte, le Petit-Mesnil, continuait vers le Sud-Est en passant assez près d'un retranchement nommé le « Fort-aux-Anglais », débouchait par le vallon de Becdal près d'Acquigny, se confondant désormais avec la route d'Uggate, Louviers, Evreux.

Un tronçon autre devait partir soit de Saint-Lubin, soit de la Carrière, se dirigeant vers Heudebouville [1], traversant ainsi l'emplacement actuel de Louviers à un endroit qu'il est impossible de préciser, mais qui ne devait pas s'écarter beaucoup d'une ligne passant par la Motte et Folleville, croisant ainsi la route d'Uggate à Evreux.

Sur toutes ces voies s'embranchaient d'autres chemins ou sentiers traversant la rivière à gué ou sur des ponts légers et permettant aux populations de la rive gauche de l'Eure de communiquer avec celles de la rive droite.

LES RETRANCHEMENTS

Avant d'aborder l'étude des vestiges gallo-romains qui ont été rencontrés à Louviers même, il nous paraît nécessaire de dire un mot de plusieurs retranchements situés dans les environs de la ville et attribués aux Romains.

En allant du Sud au Nord, nous trouvons d'abord au-dessus d'Acquigny, sur la rive droite de l'Eure le retranchement qui coupe l'éperon situé entre la route d'Ailly à Acquigny et les ruines de Cambremont ; il porte le nom de Château-Robert et

---

(1) Un vase extrêmement remarquable a été trouvé en 1865 dans cette commune ; il est au Musée d'Orléans. Voir à ce sujet ce que dit M. L. Coutil, page 43 du tome IV du Bulletin de la Société d'Etudes diverses de Louviers.

son fossé a 15 à 20 mètres de profondeur, mesure prise du fond du fossé au sommet du talus intérieur. [1]

Ensuite un peu vers l'Ouest et au-dessus du vallon de Becdal, on rencontre le fort aux Anglais.

Plus au Nord, dans la forêt de Louviers, près de la Mare-Courante, on peut voir la trace très nette d'un retranchement dont trois côtés, Nord, Sud et Ouest n'existent plus.

Dans le triage du « Testelet », très près des ruines romaines récemment découvertes, un quadrilatère dont les quatre côtés sont parfaitement visibles est facile à découvrir en montant le chemin qui part de la maison forestière.

Enfin, au triage de la Mare-au-Coq, on trouve un autre quadrilatère aux reliefs bien accentués dénommé « Le Parquet ». [2]

Tous ces retranchements peuvent être des camps romains, car les Légions avaient l'habitude de fortifier les points qu'elles occupaient, soit temporairement, soit définitivement, mais il faut remarquer que dans aucun des endroits que nous venons de signaler, il n'a été trouvé de médailles ou d'objets permettant d'attribuer ces retranchements à une époque certaine, et nous pensons, avec quelques personnes, que certains d'entre eux pourraient bien n'être que des abris palissadés autrefois où l'on réunissait la nuit, au moyen âge, les troupeaux admis au pacage dans les forêts.

LA CANALISATION DE BECDAL A SAINTE-BARBE

Tout près de Louviers on voit un autre vestige du passé que l'on attribue avec quelque vraisemblance aux Romains. Nous voulons parler de la canalisation en tuyaux de terre cuite que l'on voit très nettement dans la côte le long de la route d'Evreux entre Becdal et Sainte-Barbe, notamment tout près du pont de Pinterville. Il n'a jamais encore été possible de savoir où aboutissait cette canalisation dont la pente vers Louviers est, paraît-il, de 0.002 par mètre. [3]

---

[1] Congrès archéologique de France, 1856. Session tenue à Louviers, page 281 et suivantes. On trouve dans ce compte rendu des séances des renseignements très étendus sur le Château-Robert et le fort aux Anglais.

[2] Le Testelet et la Mare-au-Coq font partie de la forêt de Bord.

[3] Congrès archéologique de France, 1856, session tenue à Louviers.

On a prétendu que cette canalisation aurait été faite par les moines de Sainte-Barbe pour leur usage personnel, mais cette opinion est très contestable, car les moines étaient peu nombreux et n'avaient que de faibles ressources.

Nous croyons qu'il est plus logique d'attribuer aux Romains ce travail dont la structure est conforme aux descriptions qui nous ont été laissées par les auteurs latins d'ouvrages de ce genre.

Reste à connaître vers quel point cette canalisation se dirigeait et aboutissait.

Entre Sainte-Barbe et Louviers, le seul endroit, où jusqu'à présent, on ait rencontré des traces bien nettes du séjour des Gallo-Romains, est l'emplacement actuel de l'usine élévatoire des eaux de la ville.

Cette canalisation aurait-elle été conduite jusqu'à Louviers ? C'est peu probable, cependant, Morin, dans son *Histoire de Louviers*, nous dit, tome II, page 270 :

« Sous le boulevard qui fut coupé vis-à-vis la porte (pour faire une portion de la route d'Evreux) en 1771, on trouva des murailles entières, un rond de puits ; plus haut, dans les terres, on découvrit des fondements de bâtiments et des canaux de fontaines. On croit qu'il y avait jadis au coin du Barbeau une fontaine pour l'utilité de la ville, laquelle existait avant qu'on eut formé le canal de la rivière qui passe aujourd'hui dans Louviers.

« Les canaux paraissent le certifier et inviter à le croire ».

La question reste donc obscure ; d'autres que nous pourront peut-être plus tard l'élucider. Pour notre compte, notre opinion est que la canalisation dont il s'agit n'a pas dû dépasser la région de Sainte-Barbe où il y aurait eu près de la rivière quelque villa dont on retrouvera peut-être un jour les traces.

LES VESTIGES GALLO-ROMAINS AUTOUR DE LOUVIERS

Les vestiges de la civilisation gallo-romaine sont nombreux aux environs de Louviers :

Au Teurtre [1] près. de Muids, à Andé, à Heudebouville, à

---

[1] Fouilles entreprises par M. Angérard, en voir le compte rendu dans le Bulletin de la Société d'Etudes diverses de Louviers, année 1907-1908, tome XI.

Pinterville, à Heudreville, à Quatremarre, à la Haye-Malherbe, au Fanum des Buis, au Testelet, etc., on a trouvé, soit des substructions considérables, soit des indices certains du séjour des Gallo-Romains, tels que cimetières, médailles, vases, etc.

Nous parlerons seulement de la découverte faite à la Haye-Malherbe en 1848 et 1852 de bijoux remarquables qui sont encore en la possession de la famille de M. Guillard, archéologue et numismate distingué qui en fit, très heureusement pour la science, l'acquisition. [1]

Voici quelques détails sur cette curieuse trouvaille :

Dans un endroit nommé « Le Teurtre » à la Haye-Malherbe, au milieu de débris de tuiles et de poteries gallo-romaines, et à 1 mètre environ de profondeur, on trouva un coffret en fer qui ne put être conservé à cause de son oxydation.

Ce coffret renfermait :

1° Un anneau sigillaire garni au chaton d'une entaille représentant Rome assise tenant une petite Victoire d'une main et de l'autre un sceptre.

2° Un camée tête frisée, sardoine à deux couches, l'une rougeâtre et l'autre blanche.

3° Une pièce d'or de Dioclétien (81 à 96 de notre ère).

4° Une pièce d'or de Lucius Verus (161 à 169 de notre ère).

5° Un anneau à 6 pierres, or avec grenats. Entre chaque pierre, dessin filigrane formant deux bordures entre lesquelles on lit en lettres capitales : FRUERE ME.

6° Boucles d'oreilles or ou boutons garnis dans le chaton d'émeraudes. Le vrai smaragdus de l'antiquité, gemme différente de l'émeraude des joailliers modernes.

7° Une chaîne d'or composée de petits barillets, avec ses crochets.

Un peu plus tard, vers 1852, et à 2 mètres de profondeur on découvrit :

Un petit bélier en bronze, hauteur 0ᵐ05, longueur 0ᵐ045.

Un moyen bronze Gordien. [2]

---

[1] M. Fortier, maire de la Haye-Malherbe et conseiller d'arrondissement, a bien voulu avec la plus grande obligeance, nous montrer ces bijoux, et même nous permettre de compulser des notes laissées par M. Guillard ; nous saisissons cette occasion pour lui adresser tous nos remerciements.

[2] Ces découvertes sont citées par M. l'abbé COCHET dans son ouvrage intitulé : *Le Tombeau de Childéric Iᵉʳ*, pages 84, 254, 359, 399, et à l'index alphabétique figure le nom de M. Guillard, de Louviers.

On le voit par cette description sommaire, toutes ces pièces seraient dignes de figurer à la place d'honneur dans un Musée de grande ville.

Signalons aussi la trouvaille faite à Incarville il y a deux ans d'une pièce extrêmement rare : un aureus de Volusien.

VESTIGES GALLO-ROMAINS A LOUVIERS

Il nous reste maintenant à nous occuper des vestiges laissés à Louviers même par les Gallo-Romains.

Ces vestiges sont nombreux encore, bien que l'importance et la fréquence des remaniements du sol de la ville en aient fait disparaître sans doute une grande quantité. Nos ancêtres du moyen âge, en creusant les fossés de la ville et les belles caves si nombreuses à Louviers, ont certainement rencontré bien des débris intéressants du passé, mais ces découvertes n'ont laissé aucunes traces qui soient parvenues jusqu'à nous et nous en sommes réduits aux observations faites depuis moins de cent ans par différents auteurs, pour avoir quelque idée de ces populations qui ont fondé ou développé la ville que nous habitons aujourd'hui.

Voici l'énumération des trouvailles gallo-romaines faites à Louviers, de celles du moins dont nous avons pu avoir cónnaissance.

La Villette. — En 1860 [1] nous dit M. G. Petit, on trouva dans une carrière, à la Villette, le cercueil en pierre d'un enfant de 5 ans. Il y avait dans ce cercueil une fiole de verre brisée, un vase intact, quelques restes informes de ce qui fut autrefois un jouet ou un collier, et trois médailles de bronze percées de façon à pouvoir être portées suspendues ; l'une d'elles était d'Auguste, une autre de Gordien-le-Pieux, la troisième ne put être identifiée.

La Villette. — En 1847 [2], un dragage de la grande rivière

---

(1) *Essai sur un tombeau gallo-romain découvert à Louviers en avril 1860,* par M. G. Petit (avec lithographies représentant les objets trouvés). — Le cercueil en pierre indiquerait, suivant nous, une sépulture mérovingienne plutôt que romaine.

(2) Lalun. *Archéologie* 1, page 101.

fut exécuté en face l'extrémité du canal de la Villette [1] : il a été trouvé en faisant ce travail une médaille romaine de Trajan ; cette médaille était enveloppée dans du ciment que l'ouvrier a brisé.

La Villette. — « Depuis [2], il nous a été indiqué par une femme Botté, demeurant auprès des carrières de la Villette, chemin conduisant à Saint-Pierre, qu'il y a quelques années, peut-être en 1850, son fils, en draguant, avait trouvé soit dans le canal, soit à son extrémité, environ 3 ou 4 meules romaines. J'en ai vu effectivement en 1856, dit M. Lalun, un fort fragment chez elle et un autre chez une voisine, la troisième lui avait été prise ; elle était entière. Ces meules étaient en poudingue ».

Folleville. — Dans son *Essai historique sur Louviers*, page 10, M. P. Dibon signale qu'en 1833, lorsqu'on creusa le canal venant de l'usine de l'Hermitage, on trouva dans la prairie près du pont de Folleville, à quelques toises seulement de la rivière, et à 4 ou 5 pieds au-dessous du sol, des restes de fondations dans lesquels on reconnut une assez grande quantité de briques et de tuiles romaines.

Il ajoute, en note, que par les soins de M. Jeuffrain, des tuiles romaines provenant de ces travaux ont été déposées à la Bibliothèque de la ville.

Folleville. — Parlant de cette même fouille, M. Lalun [3] ajoute qu'en 1844, M. Jeuffrain eut plusieurs médailles qui avaient été trouvées au même endroit.

Dans les mêmes notes, il signale que, dans la propriété de M. Langlois-Bucaille située dans la même région, on avait trouvé quatre brouettées de tuiles romaines et une pièce de monnaie.

« M. Langlois m'a dit, ajoute-t-il, qu'en faisant les fouilles sur l'emplacement de la maison de maître de M. Audresset à Folleville, il avait trouvé trois ou quatre brouettées de tuiles romaines, mais par morceaux.

« Ceci me rappelle que, lors de la construction du pont de

---

(1) A cette époque le canal arrivait en ligne droite à la rivière, le coude qui existe aujourd'hui a été nécessité par la construction du pont du chemin de fer.

(2) LALUN. 1 P, page 227.

(3) LALUN. 1 P, page 101.

Folleville, on prit sur le port du galet, et en contre-bas, on trouva dans le sol des débris de tuiles romaines ».

La Motte. — Dans la nomenclature des monnaies de l'époque romaine recueillies à Louviers [1], nous voyons qu'une pièce de bronze à l'effigie de Gallien a été trouvée à la Motte.

C'est sans doute cette trouvaille qui fait dire à M. G. Petit : [2]

« La Motte, dont aucun vestige n'existait plus en 1200 et qui n'a laissé dans l'Histoire d'autre vestige que son nom « La Motte du Castellier ». Je crois cependant que ce dernier point ne doit être considéré que comme un établissement romain datant du iie ou iiie siècle de l'ère chrétienne ».

Précédemment, en 1842 [3], cette opinion que la Motte a été habitée par les Gallo-Romains avait déjà été émise par M. Guilmeth, auteur de l'*Histoire d'Elbeuf* ; à propos des chemins partant d'Uggate dans diverses directions, cet auteur s'exprime ainsi :

« Puis, près de Saint-Lubin (le chemin) se divisait en deux branches dont l'une allait gagner Louviers, le village de la Motte (vigie ou castellum) et la commune d'Heudebouville ».

La Rivette et l'Usine élévatoire des eaux de la ville. — En novembre 1844 [4] dans les prairies de la Rivette appartenant alors à M. Lhuillier, on trouva, nous dit M. Lalun, à 1 mètre environ du contre-bas du sol une fondation en pierres sèches en forme de claveau ; elle pouvait avoir 1 mètre de long, 0^{m}66 de hauteur ; à côté existait plus de 2 mètres cubes de tuiles romaines et de faîtières.

———

Lorsqu'en 1867 [5] on construisit l'usine des eaux de la ville, des découvertes importantes eurent lieu.

M. Lalun en rend compte dans une note très détaillée dont voici la substance :

« En faisant les fouilles pour l'établissement du puits et de la machine à vapeur, on avait découvert des fragments de moellons,

---

(1) Congrès archéologique de France. Séance tenue à Louviers en 1856, p. 254.

(2) *Histoire de Louviers*, p. 32.

(3) *Histoire d'Elbeuf* par GUILMETH, p. 168.

(4) LALUN. *Archéologie 1*, p. 102.

(5) Id.   *id.*   2, p. 29.

des os, des morceaux de tuiles, de poteries, des clous. M. Lalun se rendit sur place et recueillit :

« Un goulot de grande cruche en grès, des fragments de poteries de Samos et un silex semblable à ceux décrits par M. Boucher de Perthes.

« Evidemment les fragments de tuiles *(tegulæ)*, de faîtières *(imbrices)* sont bien romains ; les fragments étaient au 8 novembre 1867, autant que l'on pouvait en juger, au nombre d'au moins 20 ou 25... les objets trouvés l'ont été à 2^{m}25 environ de profondeur...

« En effectuant les fondations pour la construction des bâtiments des massifs on a découvert divers objets remis à la Mairie le 11 juin 1868 comme suit :

« Une médaille bronze nettoyée, moyen module Aurélien.

« Un autre moyen module Trajan.

« Trois frustes.

« Une espèce de petite spatule en bronze ou cuillère à parfums (nettoyée).

« Une paire de pincettes. [1]

« Le 11 juin au soir un terrassier a apporté à M. Lalun deux médailles de bronze nettoyées, l'une de Faustine, l'autre fruste de moyen module, plus un bout de clé incomplet à son extrémité...

« M. Breauté a montré à M. Lalun le 21 juin 1868, une petite serpette trouvée dans ces fouilles ; elle est en fer avec un petit manche incomplet en bois. [2]

« Le 23 juin 1868 M. Lalun étant retourné sur place vit que l'on faisait le béton pour le massif des machines et l'embase de la cheminée.

« En faisant la fouille pour la place de la machine, on découvrit comme précédemment des médailles ; à 2 mètres environ de profondeur, en contre-bas du sol de la prairie, on a rencontré des pieux d'un bois noir indiquant un long séjour...

« M. Lalun a acheté les objets suivants :

« Une médaille fruste de grand module.

« Une médaille petit module de Victorinus.

---

(1) Cet objet de très petite dimension est figuré par M. Lalun en marge de sa note.

(2) Cet objet figuré par M. Lalun en marge de sa note est, croyons-nous, au Musée dans la vitrine Lalun.

« Une médaille grand module de Commode ou Septime Sévère.

« Une médaille fruste.

« Une médaille moyen module de Faustine.

« Une médaille saucée petit module Salonina aug.

« Une médaille fruste.

« Une épingle en os sans tête.

« Un lacet en bronze incomplet.

« On a rencontré des morceaux de poterie dite de Samos dont plusieurs avec dessins. D'autres médailles ont été vendues ou données par les ouvriers à diverses personnes, notamment une de Posthume grand module ».

M. Lalun ajoute en terminant sa note si intéressante, car elle contient un croquis de l'emplacement et divers dessins d'objets :

« Il n'est pas sans intérêt de rapprocher ces découvertes de celles faites à différentes époques dans ces parages ».

Ancienne Briqueterie (côté gauche de la route d'Evreux en partant de Louviers). — Tout près de l'usine des eaux, entre cette usine, le Chemin des Eaux, la route d'Evreux et le chemin qui limite le Nord de la propriété de Saint-Hilaire, existait une briqueterie qui vient d'être transformée en parc avec maison d'habitation importante.

Dans cette briqueterie on a trouvé à plusieurs reprises des débris gallo-romains, tuiles, poteries, etc., notamment un grand vase entier, qui, laissé à l'abandon, a disparu.

Il y a quelques années, on trouva même dans l'argile un squelette humain dans la position assise ; un médecin qui examina ce squelette, déclara qu'il datait au moins de 500 ans, mais aucune recherche très précise n'eut lieu, et les ossements furent portés au cimetière.

Au moment où l'on a fait les terrassements pour la maison d'habitation récemment construite, nous avons été très gracieusement autorisé par les nouveaux propriétaires à surveiller les travaux dans un but archéologique.

A divers endroits nous avons trouvé des débris de tuiles et de poteries romaines ; les ouvriers nous ont remis une petite hachette en pierre polie trouvée à la surface et une épingle en bronze gallo-romaine, très intéressante. Tous ces objets ont été, bien entendu, remis par les soins de M. Angérard aux propriétaires du terrain. [1]

Octroi de la route d'Evreux. — En 1848 [2] des travaux de déblai entrepris pour élargir et niveler la partie de l'ancienne route d'Evreux qui était à l'état de ravin fort encaissé et à une seule voie, firent découvrir dans un champ cultivé à gauche du ravin en se dirigeant vers la ville, un puits recouvert par des dalles en pierre et enseveli sous une couche de près de 2 mètres de terre argileuse parfaitement nivelée et labourée depuis de longs siècles. L'emplacement de ce puits est à une quinzaine de mètres du bureau actuel de l'octroi d'Evreux. Le déblai à vif du fond n'a fait découvrir aucun vestige capable de donner quelque notion sur son origine.

La largeur de ce puits est de 1 mètre, il est maçonné dans toute sa hauteur qui est de 21^{m}38, sauf la partie inférieure. Dans la partie supérieure, sur 3 mètres de hauteur, les moellons sont taillés en courbe : au-dessous les moellons ne sont plus taillés.

Ce puits était en parfait état de conservation ; à son orifice, sur les dalles, on voyait très bien un endroit profondément usé par le frottement de la corde ou de la chaîne servant à tirer les seaux.

En déblayant ce puits, on a trouvé des morceaux de fer et de bois provenant de la charpente à laquelle avait été attachée la poulie.

Dans ses notes sur Louviers [3], M. Lalun donne un croquis de l'emplacement de ce puits qui était situé le long de l'ancienne route d'Evreux à gauche en descendant vers Louviers, il dit qu'on a trouvé dans ce puits quelques tuiles modernes, quelques fragments de poterie, des fragments de chaudron en cuivre.

Il ajoute qu'il n'y avait pas d'eau dans le puits.

Nous avons pensé que cette découverte se rapportait plutôt à l'époque gallo-romaine qu'à une époque antérieure.

---

(1) Nous saisissons avec empressement cette occasion de les remercier de la bonne grâce avec laquelle ils nous ont donné la permission de faire ces recherches dans leur propriété.

(2) Note de M. Saint-Yves, ingénieur, publiée par M. G. PETIT, dans son *Histoire de Louviers*, p. 27.

(3) LALUN. *Archéologie I*, p. 228.

Rue d'Evreux. — Le même auteur nous dit [1] qu'en 1854, dans la belle propriété de Mme Le Pelletier, rue d'Evreux, n° 16, dont M. Salambier était alors propriétaire, en faisant la réfection du fossé le long de la route, on aurait trouvé deux médailles romaines.

Rue d'Evreux et place d'Evreux. — Le 17 septembre 1867 [2] en faisant la tranchée pour les eaux place d'Evreux, les terrassiers ont rencontré un ancien pavage en grés dont certains pavés un peu usés ; ce pavage était à 1^m30 en contre-bas de la place.

Le même jour à peu de distance de ce pavage, en remontant vers le Sud, les mêmes terrassiers ont trouvé une maçonnerie en moellons et en pierre commençant peu au-dessous de la route et descendant à 1 mètre de profondeur.

A propos de cette découverte, nous rappelons un passage de l'*Histoire de Louviers* par Morin, que nous avons cité en parlant de la canalisation de tuyaux allant de Becdal à Sainte-Barbe.

Rue d'Evreux ou boulevard d'Evreux. — D'après M. L. Coutil [3], en faisant la canalisation des eaux boulevard d'Evreux, on aurait trouvé trois colliers de perles de verre assez jolis qui seraient au Musée de Louviers.

Ancienne route d'Evreux. — Dans le même ouvrage, M. L. Coutil parle de la découverte faite sur le bord de l'ancienne route d'Evreux, propriété Moret, de deux moyens bronzes également au Musée de Louviers.

M. Lalun est plus explicite au sujet de cette découverte :

« En 1847 nous dit-il, M. Durand, faisant creuser une cave dans la propriété de son beau-père, ancien chemin d'Evreux, trouva plusieurs médailles et un morceau de pierre ponce (dont un échantillon accompagne les médailles). Et en creusant cette cave on trouva aussi une ancienne voûte à quelques mètres de profondeur. Nous mentionnons ici ces faits pour peut-être servir plus tard d'éclaircissement et parce que M. Lalun possède deux médailles. Nous mentionnons aussi que le long de ce même che-

---

(1) Lalun. 1 P., page 91.

(2) Lalun. *Archéologie* 2, p. 33.

(3) *Archéologie Gauloise, Gallo-Romaine, etc.*, par L. Coutil, Société d'Etudes diverses de Louviers, tome IV, année 1897, p. 49.

min qui fut définitivement redressé en 1847, en le redressant, on trouva du côté Ouest, sur un terrain appartenant à M. Odoard du Hazé, un puits maçonné, bouché en dessus et vide sur une certaine profondeur ».

On voit par ces lignes que M. Lalun considère ce puits comme une relique du passé gallo-romain, plutôt que du passé gaulois.

Ancienne route d'Evreux. — A signaler encore dans cette région que dans la propriété de M. Heinrich, n° 29 *bis*, on a trouvé quelques débris de vases gallo-romains.

Dans la propriété contiguë appartenant à M. Loisel, on a trouvé également quelques morceaux de poterie de la même époque.

Côte de la Justice. — Voici ce que dit M. G. Petit à la page 25 de son *Histoire de Louviers* au sujet de cette région de la ville :

« La présence de l'homme vers la côte de la Justice et dans la direction de Louviers est démontrée par de nombreux vestiges d'habitations dont une Commission locale chargée de recueillir et de publier les annales de la commune, ainsi que je l'ai proposé il y a 30 ans, aurait pu constater officiellement l'existence ».

Malheureusement pour nous, non-seulement la Commission n'a jamais fonctionné, si tant est qu'elle ait jamais existé, mais M. G. Petit lui-même a omis de préciser l'emplacement exact des vestiges d'habitations dont il parle.

La Haye-le-Comte. — Le 8 septembre 1856 M. Lalun se rendit, sur des indications qui lui avaient été données, à un petit bois appartenant à M. Huet, de Surville, et situé, croyons-nous, tout en haut de la route du Neubourg, au bord de la plaine, tout près de la cote 154 de la carte d'Etat-Major au 1/50.000°.

« Nous avons trouvé [1], dit-il, au…, une assez grande quantité de tuiles romaines, faîtières, fragments de pierres, de verre… d'épaisseur ; nous avons rencontré quelques fragments de poterie brune, un morceau de fer plat, un peu de mortier de l'aire du plancher ; ce terrain paraît avoir été remué. Nous avons remis à plus tard une fouille plus approfondie.

---

[1] Lalun. *Archéologie 1*, page 249.

« M. Huet m'a dit qu'il y a déjà de 15 à 20 ans, on avait un peu remué ces débris d'antiquités, qu'il avait trouvé une hache. Il a ajouté que dans une masure près du bois, il avait découvert une construction comme suit (à cet endroit figure dans le texte un croquis représentant une surface carrée faite de murs maçonnés ayant à chaque angle intérieur un petit carré faisant corps avec le mur). A chaque angle était une espèce de tuyau de cheminée ».

Saint-Lubin. — « En avril 1866 [1], dans la forêt de l'Etat, triège de la petite Vallée, section F 2, n° 52 du plan cadastral, à 200 mètres environ de la chapelle de Saint-Lubin, N.-O., et à 115 mètres du chemin des Fosses par la Vallée, dans la terre de bruyère,... on aurait trouvé 57 pièces romaines.

« Trois de ces pièces étaient :

« L'une d'Antonina.

« La seconde d'Antonin ou de Commode.

« La troisième de Maximim.

« Vers 1855 [2] en faisant défricher une partie de terrain située sur le versant de la côte (bois du Deffends) près Saint-Lubin, et même la nouvelle route longeant comme suit, M. d'Angreville trouva une grande pierre plate ; à côté était un squelette qui est tombé en poussière ; une..., bronze Gordien-le-Pieux a été trouvée aux environs de la tête.

« Nota. — Après la mort de M. d'Angreville, on trouva chez lui un pot brisé qu'il avait découvert en faisant les... de son bois de Saint-Lubin : donné par les héritiers à M. Marquet, celui-ci le donna à M. Lalun en juin 1868 ».

Route du Neubourg. — « Dans le courant du mois de mars 1861 [3] M. Pétel, médecin, demeurant à Louviers, fit arracher un arbre dans une pièce de terre lui appartenant et située près de la route du Neubourg, triège [4]... En faisant ce travail on découvrit des restes de fondation, des débris de tuiles romaines.

« L'administration municipale en ayant eu connaissance

---

(1) Lalun. *Archéologie* 2, p. 4, note faite sur le plan même.

(2) Lalun. *Archéologie* 1, p. 227, avec croquis de l'emplacement si succinct qu'il est presque impossible de se rendre compte de sa situation.

(3) Lalun. *Archéologie* 1, p. 231.

(4) Le numéro du triège n'est pas indiqué.

chargea M. Roussel, architecte, de faire faire des fouilles à cet endroit. Trois terrassiers mis à l'œuvre le 15 mars déblayèrent un massif de maçonnerie de 1ᵐ10 d'épaisseur [1]. Ce jour-là ils ne découvrirent qu'un fragment de couteau en fer, des fragments de poterie noire vernissée, le fond d'un autre pot en terre brune un peu plus grossière et quelques autres morceaux de poterie rougeâtre.

« Parmi les débris de tuiles, il se trouva deux tuiles presque entières et une tuile entière ; des fragments de dallage assez grands, épais de 0ᵐ07 à 0ᵐ08, composés d'un mortier siliceux très dur et cependant sonore furent aussi découverts.

« L'aire supérieure était revêtue d'un enduit dans la composition duquel sont entrés du gravier fin, de la chaux et des débris de briquetons ou de tuileaux ; on a aussi trouvé des débris de ciment très dur et se cassant assez facilement par morceaux à la main, mais d'une manière nette sans être friables.

« NOTA. — Ne pouvait-il pas y avoir là une vigie Castella ou Turris, que les Romains avaient placé le long de leurs grands chemins et près le cours des fleuves afin de protéger les convois et les voyageurs, et en même temps transmettre les signaux ».

D'après le croquis de l'auteur de cette note, nous pensons que ces vestiges d'habitation gallo-romaine furent trouvés à l'endroit où la ravine de Surville passe sous la route du Neubourg.

Place de Rouen ou *Ernest-Thorel.* — Place de Rouen à Louviers, nous dit M. Coutil [2] on aurait trouvé en 1868 une guimbarde en bronze [3], une sorte de pendeloque carrée dont les quatre faces sont à jour, un autre objet en bronze d'un usage difficile à déterminer, ainsi que deux petites clochettes en bronze.

Plus tard, pendant la construction du Musée, on aurait trouvé un phallus en bronze suspendu par un anneau. Il ressemble à deux autres qui proviennent aussi de Louviers et qui ont été offerts au Musée par M. P. Dibon.

Place de la République. — A l'angle de la place de la Répu-

---

[1] Voir le croquis du plan dans le texte.

[2] *Archéologie Gauloise, Gallo-Romaine, etc.*, Société d'Etudes diverses de Louviers, année 1898, p. 49.

[3] Sorte d'instrument de musique, renseignement venant de M. L. Coutil.

blique et de la rue du Tir, en construisant la maison de M. Plumet, on trouva un moyen bronze de Claude. [1]

Rue des Pompiers. — « Vers fin juillet 1878 [2], en terminant les fouilles d'un bâtiment avec cave (à l'angle de la rue des Pompiers, devant la porte de la Mairie, à 10 mètres environ du local des pompes) les terrassiers ont trouvé environ un petit panier d'ossements à peu près à 0^m35 à 0^m40 en contre-bas du sol de la rue. On aurait aussi découvert une certaine partie de terre noire à une profondeur de 1^m50 à 2 mètres. Les terrassiers étaient d'Elbeuf, avaient travaillé à Rouen et le 10 août 1878, M. Lalun a acheté au maître terrassier deux médailles romaines trouvées, lui a-t-on dit, entre 1^m50 et 2 mètres de contre-bas... Ce sont des grands modules Antonin le Pieux (139-141) et Posthumes (254-259). Il aurait aussi découvert trois sépultures... à peu près à la même profondeur que les monnaies ; au point 5 du plan, on aurait trouvé trois petits cruchons dont un noir et deux en terre blanche jaunâtre comme on en a rencontré à Caudebec-lès-Elbeuf, à la Villette à Louviers, de 0^m12 à 0^m14 de haut. Sur les trois petits cruchons, deux ont été cassés. M. Lalun a vu celui restant entier, mais les terrassiers en voulaient un prix trop élevé et l'ont remporté à Elbeuf ».

Eglise Notre-Dame. — Près du chœur de l'église Notre-Dame, mais extérieurement, on a trouvé en mai 1864 des débris de tuiles romaines et une médaille de Marc-Aurèle. [3]

Ravine dite d'Elbeuf. — En 1853 (octobre) [4] dans le versant de la ravine dite d'Elbeuf, sur la propriété de M. Pipon, briquetier, en tirant de la terre à brique, on trouva des ossements de cheval ou de mulet et d'homme, aussi des fragments de poteries dont quelques-uns vernissés.

Par cet exposé, qu'ils trouveront peut-être un peu long et trop minutieux, nos lecteurs ont pu se rendre compte de l'en-

---

[1] En même temps on trouva des pièces du moyen âge et des jetons de Nuremberg. LALUN. *Notes sur Louviers*, page 375.

[2] LALUN. *Archéologie 2*, page 44, avec croquis de plan très détaillé.

[3] LALUN. 1 P, n° 50. *Publicateur de Louviers* des 7 et 14 mai 1864.

[4] LALUN. *Archéologie 1*, p. 228. Bien qu'il n'y ait dans cette trouvaille rien de bien précis, comme époque, nous l'avons classée au gallo-romain à cause des poteries vernissées.

semble des vestiges gallo-romains à Louviers. Bien des choses sans doute nous ont échappé, et d'autre part, ainsi que nous l'avons dit ailleurs, les bouleversements subis par la ville ont certainement anéanti bien des reliques de ce passé.

On ne peut certes pas affirmer que Louviers était, à cette époque, une grande ville ; le fait qu'elle ne figure ni sur l'itinéraire d'Antonin, ni sur la table de Peutinger suffirait pour démontrer sa faible importance à ce moment, mais on a quelque droit de penser cependant que les Gallo-Romains ont vécu en assez grand nombre sur notre sol. Louviers était-il une petite ville, un bourg, un gros village ? Il nous est impossible d'être fixés à cet égard, mais l'avenir pourra peut-être apporter quelque lumière sur cette question.

LES MÉROVINGIENS A LOUVIERS

Nous n'avons pas à faire ici l'histoire des invasions barbares qui amenèrent la chute de la puissance des Romains dans la Gaule ; nous dirons simplement que ces invasions ont été de deux sortes. Il y en eut de brutales et sanglantes qui jetèrent la ruine et la désolation partout, mais il y eut aussi une infiltration lente et pacifique provoquée même par les Romains.

En effet, non seulement Rome prit à sa solde des auxiliaires Saxons, Burgondes, Francs, etc., que l'on voit figurer dans ses armées à côté des légions, et même, tenir garnison jusque dans l'intérieur de la Gaule, mais elle appela des tribus entières à venir cultiver des terres non-seulement sur les frontières de l'Empire, mais encore à l'intérieur du pays.

Nominalement l'Empire resta longtemps maître de la Gaule. Clovis, lui-même, bien qu'il fût absolument indépendant, se parait du titre et des insignes de Patrice ou Consul, qui lui avaient été décernés par l'empereur Anastase en 509.

C'est encore aux admirables travaux de M. l'abbé Cochet que l'on doit en grande partie la connaissance des mœurs, des usages, de l'armement de ces peuples nouveaux.

Chercheur infatigable, expérimenté, scrupuleux, il nous montre dans ses ouvrages, avec une sagacité remarquable, ce que l'étude des cimetières mérovingiens et gallo-romains parfois mélangés lui ont révélé.

Aussi conseillons-nous aux personnes qui s'intéressent à cette question, de lire attentivement sa *Normandie souterraine*, ses études sur les sépultures gauloises, romaines, franques, etc., et son remarquable ouvrage sur le tombeau de Childéric Iᵉʳ. Elles trouveront dans ces pages ornées de gravures fort bien exécutées, l'explication et la reproduction fidèle des armes, des vases funéraires, des ornements mérovingiens, ainsi que mille autres détails pleins d'intérêt.

M. Lalun a été en relations suivies avec l'abbé Cochet qui le tenait en grande estime [1]; ils ont échangé plusieurs lettres dont

---

[1] *Sépultures gauloises, gallo-romaines, franques et normandes*, par M. l'abbé COCHET, pages 101, 102, 103, 104, 105, 106.

six au moins de M. l'abbé Cochet figurent dans les papiers de M. Lalun, mis en ordre et sauvés de la destruction par M. Hébert.

Ces relations suivies de M. Lalun avec l'éminent archéologue donnent encore plus de poids aux notes que nous allons faire passer sous les yeux de nos lecteurs à propos des vestiges mérovingiens trouvés à Louviers.

––––––

Les Mérovingiens n'incinéraient pas les morts, ils les inhumaient dans des cercueils de pierre, de plâtre ou de bois, revêtus de leurs habits, accompagnés de leurs armes et de différents objets dont ils s'étaient servis pendant leur existence.

Tout autour de Louviers, à Muids, à Saint-Pierre-du-Vauvray, etc., on a trouvé des cimetières mérovingiens très importants qui ont fourni au Musée de Louviers de nombreux objets. [1]

A Louviers même qui nous intéresse plus particulièrement on a trouvé sur plusieurs points un assez grand nombre de sépultures mérovingiennes, surtout rue du Mûrier et habitations voisines et auprès de l'ancienne église Saint-Martin, de la halle et sous diverses habitations environnant cet emplacement.

Voici d'après les notes de M. Lalun, un résumé de ces découvertes : prenons d'abord en dehors des deux groupes que nous venons de citer, les quelques sépultures signalées dans d'autres parties de la ville.

Saint-Lubin. — Près [2] de la route montant à Saint-Lubin, en creusant vers 1860 les fossés du bois du Deffend, appartenant à M. Dangreville, près de l'endroit où déjà on avait découvert un squelette avec une médaille romaine, on trouva une épée franque à laquelle manquait un bout à l'extrémité.

Place de la République, côté Nord. — En 1852 [3] Mme veuve Vallée, propriétaire, en creusant une cave trouva des corps (squelettes) et un cruchon en terre brune de faible épaisseur.

En 1872, M. Barbier, couvreur, en faisant une cave, côté

––––––

(1) Voir au Musée de Louviers la vitrine Goujon, la vitrine Roussel, etc.

(2) LALUN. 1 P, page 227.

(3) LALUN. *Archéologie 1,* page 108.
    Id.   *Id.*   2. page 28.

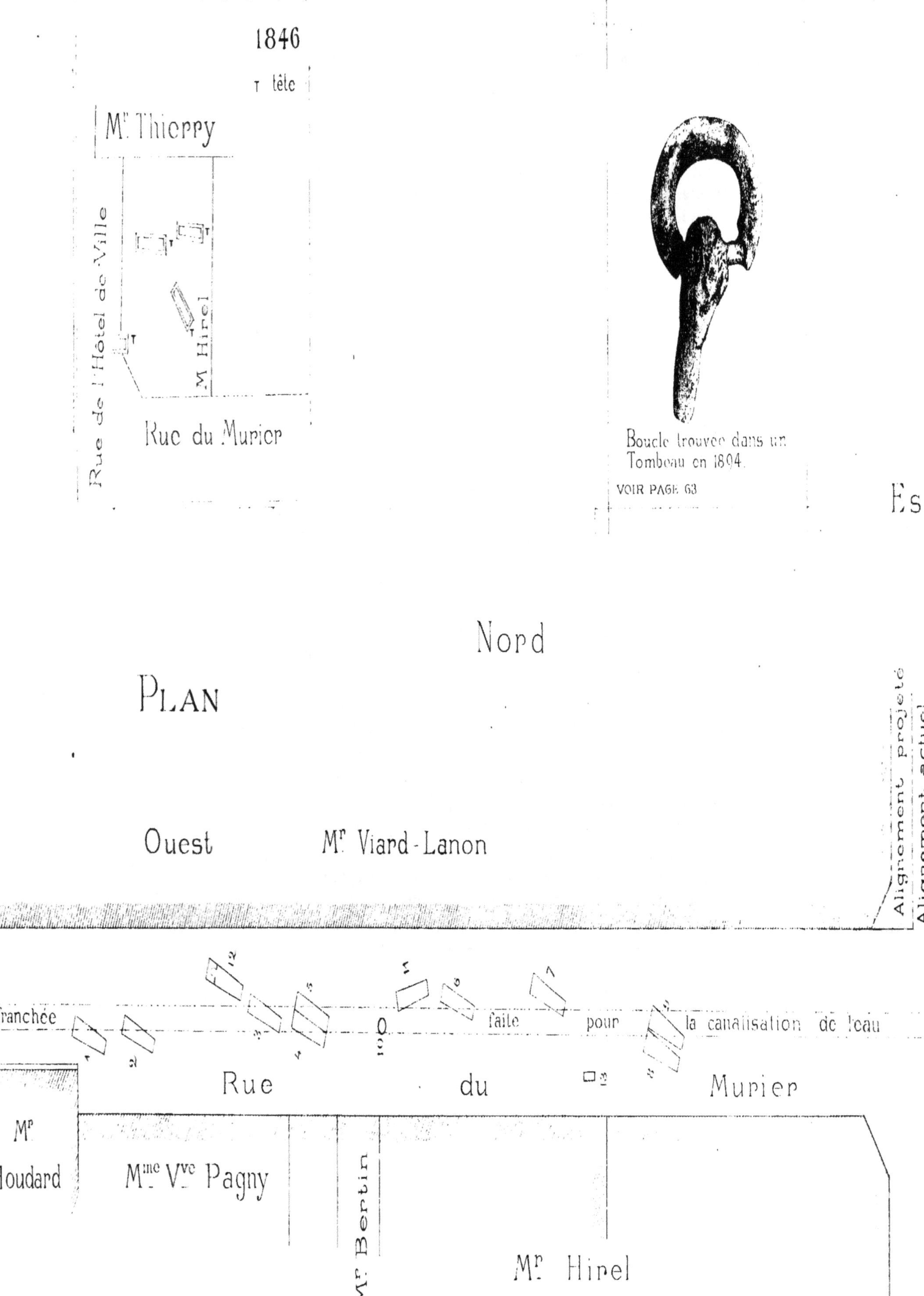

TOMBEAUX TROUVÉS DANS LA RUE DU MURIER EN 1868

NOTES DE Mr LALUN +1 N° 12

Nord, place Royale, trouva aussi à 1^{m}30 ou 1^{m}50 de profondeur, et en pleine argile bien compacte, des ossements et des fragments de pots semblables à ceux recueillis en 1852. On trouva aussi un anneau à ardillon en métal (suit un croquis de l'emplacement Vallée, Barbier, Grippon).

M. Barbier ayant acheté l'immeuble Grippon, voisin du sien, c'est en réalité en reconstruisant une maison à la place de l'ancienne, qu'il a trouvé ce dont nous venons de parler : fragment de pot, anneau à ardillon ; le tout ayant été remis à M. Lalun, celui-ci a placé ces objets dans le pot trouvé en 1852.

Rue des Tanneurs. — Lorsqu'on a construit la nouvelle sacristie, place des Tanneurs, le *Journal de Louviers* des 25 et 28 décembre 1861 a annoncé qu'on avait trouvé un tumulus en pierre et un anneau d'argent, des débris de poteries vernissées paraissant remonter à 1330.

Voici ce que dit à ce sujet M. Lalun :

« Ce fut le 3 octobre 1861, qu'en creusant les fouilles de la nouvelle sacristie, on trouva un cercueil grossier en pierre avec des os dedans ; dessus était un couvercle en pierre, l'extrémité Est n'était pas close en pierre, mais seulement en maçonnerie de blocage. Quant à l'anneau d'argent trouvé à côté du cercueil, rien n'indique qu'il remonte à 1330 ; le 3 octobre il n'était pas question de débris de poteries ».

La place des Tanneurs portait autrefois le nom de place du Petit-Cimetière.

Côté Sud de l'église Notre-Dame. — Le *Publicateur* des 7 et 14 mai 1864 [1] nous apprend qu'en opérant des fouilles près du chœur de Notre-Dame on a trouvé deux cercueils en pierre de Vernon, tête à l'Est, pieds à l'Ouest vers le portail.

Groupe de la rue du Mûrier. — Voici par ordre de dates l'énumération des découvertes faites à cet endroit :

1835 [2]. — Un ou deux cercueils trouvés en construisant la machine à vapeur de l'établissement formant l'angle Nord des rues du Mûrier et de l'Hôtel-de-Ville.

1846, 25 juillet [3]. — Quatre cercueils sous la maison faisant

(1) LALUN. 1 P, n° 50.
(2) LALUN. 1 P. *Archéologie 1*, page 103.
(3) LALUN. 1 P. *Notes sur Louviers* page 81, plan avec dessins des cercueils.

l'angle Sud des rues du Mûrier et de l'Hôtel-de-Ville, n° 9.
Parmi ces cercueils qui renfermaient des squelettes, les uns
étaient en pierre, les autres en plâtre ; l'un d'eux était recouvert
par une pierre de Saint-Leu.

1853 [1]. — Cinq cercueils, propriété Houdard et Lemaître,
dont trois sous la propriété Houdard et deux en grande partie
sous la propriété Lemaître ; un des trois était avec couvercle ; il
y en avait en pierre blanche très tendre car on en a fait des
marches d'escalier.

1859, 17 novembre [2]. — Trois cercueils en pierre de Saint-
Leu. Le 18 novembre, M. Lalun a remarqué plusieurs fragments
de sabres ou couteau et un bout de flèche.

1868 [3]. — Onze cercueils, dont un d'enfant. (Voir le plan
annexé ci-contre, copié sur celui de M. Lalun).

1875, septembre [4]. — Trois cercueils en plâtre et en pierre
sous les bâtiments de la partie droite de la maison portant le
n° 11 de la rue de l'Hôtel-de-Ville. La surface de ces cercueils
était de 0m15 à 0m20 en contre-bas du sol du côté de la rue de
l'Hôtel-de-Ville. Les cercueils vidés n'ont rien donné que quelques
ossements, et entre autres, une tête entière avec ses dents ; ce
cercueil avait 1m50 ; les autres 2 mètres environ. Ils avaient dû
déjà être remués.

Dans une note de la page 12, sur les tombeaux de la rue du
Mûrier [5] M. Lalun nous dit :

« Un des terrassiers nommé Prévost a trouvé il y a quelques
années en creusant une cave chez M. Portier, locataire de M. Del-
thomas, docteur, trois squelettes, plus, a-t-il dit, un sarcophage
à la Providence. Notre cimetière a bien pu s'étendre au loin,
pour plusieurs générations il fallait de la place ».

1894. — Dans son numéro du samedi 10 février 1894,

---

(1) LALUN. *Archéologie 1*, pages 102 et 103 avec plan figuratif et extrait du cadastre.

(2) LALUN. *Archéologie 1*, page 233, plan descriptif annexé en marge.

(3) LALUN. 1 D, n° 12, plan très bien fait avec dessins des principales sépultures.

(4) LALUN. *Archéologie 1*, page 107.

(5) LALUN. 1 D, n° 12, page 12 ; dans le même cahier se trouve le plan des découvertes de 1868, rue du Mûrier, et plusieurs dessins des différents sarcophages mis à jour.

l'*Industriel de Louviers* rendait compte comme suit de découvertes nouvelles dans cette région de la rue du Mûrier. [1]

« Mardi et mercredi, en défonçant le sol dans une ancienne fabrique de draps rue de l'Hôtel-de-Ville, n° 11, occupée autrefois, par M. Georges Dannet, les ouvriers ont mis à découvert plusieurs sarcophages, les uns en pierre, les autres en plâtre. Quelques-uns de ces sarcophages avaient déjà été ouverts lors de la construction de l'usine. Ceux qui n'avaient pas été ouverts renfermaient des squelettes très bien conservés. Aucun objet ni médaille de l'époque n'a été trouvé si ce n'est une petite boucle en cuivre de peu de valeur à laquelle manquait l'ardillon qui était cassé ; elle a été offerte par M. Pétel à M. Angérard, président de la Société d'Etudes diverses.

« La forme de ces cercueils en pierre indique qu'ils datent de l'époque mérovingienne. Ils ne sont pas les seuls découverts. En 1868 en faisant des travaux dans la rue du Mûrier, on en trouva une certaine quantité. Il y a peu de temps d'autres ont été découverts sous le sol de la maison d'habitation occupée par M. Georges Dannet.

« Il existait à cet endroit à l'époque mérovingienne un cimetière assez étendu, cimetière chrétien ainsi que l'indique l'orientation des corps qui ont les pieds tournés vers l'Est, c'est-à-dire vers le point d'où viendra le signal de la résurrection.

« L'un des cercueils, le mieux conservé, a été transporté dans la cour de la Mairie où il s'en trouve déjà de semblables. A l'inverse de l'usage qui plaçait les cimetières près de l'église, c'est l'église qui a été construite près du cimetière car l'église N.-D. ayant été bâtie vers l'an 1200 le cimetière existait bien avant elle ». [2]

1907. — En exécutant les travaux de l'Ecole maternelle donnant sur la rue du Mûrier, on a trouvé encore plusieurs sarcophages mérovingiens. D'après M. Langlois (d'Acquigny) entrepreneur de la construction de l'école, ces sépultures étaient au nombre de trois orientées à peu près Nord-Sud, elles ne renfer-

---

[1] C'est avec l'assentiment de M. Maurice Collignon auteur de cet article que nous le publions ici. — M. L. Coutil a parlé également de cette découverte page 51 de son *Archéologie Gauloise, Gallo-Romaine, etc.*, tome IV de la Société d'Etudes diverses de l'arrondissement de Louviers.

[2] Le reste de cet article se rapportant plutôt à l'église Saint-Martin, nous en donnons la suite plus loin.

maient que des débris de poteries qui auraient été déposés au Musée.

Groupe de l'église Saint-Martin, de la Halle et des maisons voisines. — Vers 1851 [1] la ville fit un abaissement de la halle ; on trouva beaucoup d'ossements et des cercueils en plâtre au nombre de 20 environ, seulement personne n'a pris, que nous sachions, des notes ; dans un cercueil en plâtre étaient, à ce qu'il paraît, deux squelettes, la mère et l'enfant. (Renseignements donnés par M. Lefebvre, terrassier).

Ainsi tout démontre bien l'existence d'un cimetière mérovingien d'une certaine étendue.

La démolition de l'église Saint-Martin eut lieu en 1854 et M. Lalun la surveilla de très près.

En 1856 on trouva un grand nombre de cercueils et des traces de sépultures près de cette église et même dans ses fondations, ainsi que sous le sol d'une rue et sous les fondations des maisons voisines.

Nous donnons ci-contre un plan fait en 1831 de cette région de Louviers.

En 1856 M. Lalun inscrivit en rouge sur ce plan la position des sépultures découvertes à ce moment en faisant des nivellements.

Voici différents détails donnés par M. Lalun sur les sépultures inscrites sur ce plan qu'il désigne dans ses notes [2] par ces mots « Plan d'ensemble ».

Nos 1 et 2. — Deux cercueils en pierre de Saint-Leu.

Nos 3 et 4. – Deux cercueils en plâtre.

Dans le cercueil n° 4 était un fragment de poterie et le fragment de ceinturon dont il sera parlé plus loin.

Nos 5 et 6. — Plusieurs squelettes, mais sans cercueils.

Nos 7 et 8. — Deux squelettes [3] avec les restes d'un cercueil en bois, mais consommé dans la proportion de 99 %.

Dans le n° 7 un petit pot en terre grisâtre fut trouvé, soit au vide de la hanche, soit aux pieds ; dans ce petit pot, il y avait des os et un petit silex.

---

(1) LALUN. 1, 7, page 16.

(2) LALUN. 1, 7, page 5 et suivantes.

(3) Au moment de la démolition de Saint-Martin.

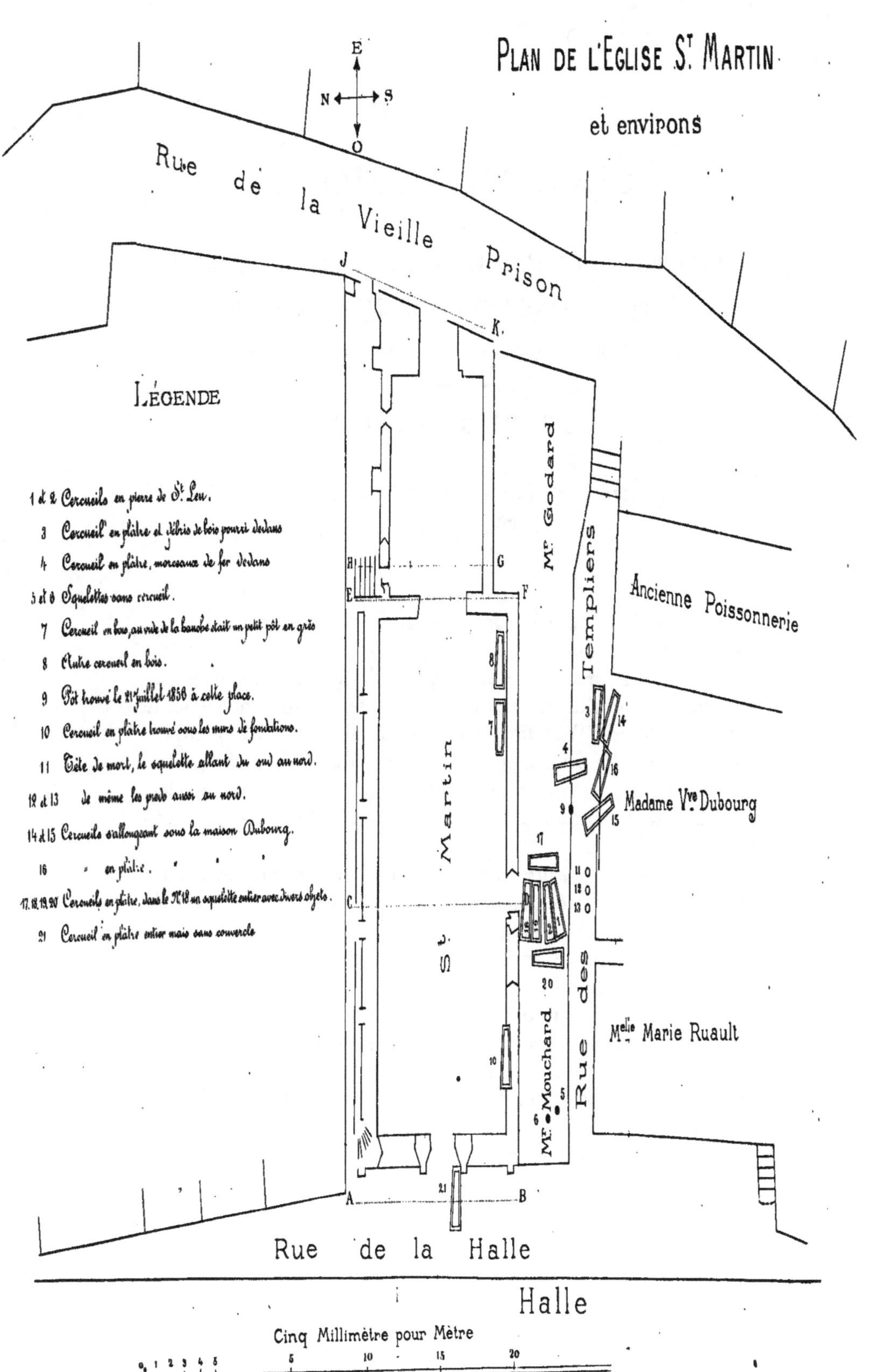

Plan de l'Église St. Martin
et environs
E
N — S
O
Rue de la Vieille Prison
J
K
LÉGENDE
1 & 2 Cercueils en pierre de St. Leu.
3 Cercueil en plâtre et débris de bois pourri dedans
4 Cercueil en plâtre, morceaux de fer dedans
5 et 6 Squelettes sans cercueil.
7 Cercueil en bois, au vide de la bouche était un petit pot en grès
8 Autre cercueil en bois.
9 Pot trouvé le 21 juillet 1856 à cette place.
10 Cercueil en plâtre trouvé sous les murs de fondations.
11 Tête de mort, le squelette allant du sud au nord.
12 et 13 de même les pieds aussi au nord.
14 et 15 Cercueils s'allongeant sous la maison Dubourg.
16 en plâtre.
17. 18. 19. 20 Cercueils en plâtre, dans le N° 18 un squelette entier avec divers objets.
21 Cercueil en plâtre entier mais sans couvercle
H
G
E
F
Mr Godard
Templiers
Ancienne Poissonnerie
8
7
3
14
4
16
9
15
Madame Vve Dubourg
St Martin
17
C
11
12
13
Mr Mouchard
Rue des
Mᵉˡˡᵉ Marie Ruault
10
6
5
A
21
B
Rue de la Halle
Halle
Cinq Millimètre pour Mètre
0 1 2 3 4 5   5   10   15   20
Notes recueillies en 1856.

ESSAI HISTORIQUE

SUR

LE COMMERCE ET L'INDUSTRIE AU PONT-DE-L'ARCHE
DEPUIS SA FONDATION JUSQU'A NOS JOURS

SUIVI D'UNE NOTICE SUR LE CHAUSSON DE LISIÈRE

PREMIÈRE PARTIE

COMMERCE ET INDUSTRIE AU PONT-DE-L'ARCHE
DE 852 A NOS JOURS

Le Pont-de-l'Arche fut fondé en l'année 862 par le roi Charles-le-Chauve.

Durant les premiers siècles qui suivirent sa fondation, ce fut une place exclusivement militaire et par suite dépourvue de tout commerce. Toutefois il est présumable que les premiers habitants de cette ville songèrent à tirer parti de la forêt voisine en l'exploitant, ce qui porte à croire qu'aux xe et xie siècles, un important commerce de bois devait exister au Pont-de-l'Arche.

Au xiie siècle ses vignobles ont eu une grande notoriété. Cette ville qui faisait alors partie du domaine royal figure dans le compte des vins du roi pour 88 muids, 11 setiers et demi. Plusieurs titres de cette époque mentionnent les vignes de Jean Commin, Jean Morel et Estourni [1].

La pêche et la minoterie au xive siècle et dans les suivants furent les principales branches du commerce de cette ville.

Il existait encore, il y a une cinquantaine d'années, sur le pont, trois moulins à eau, désignés sous les noms de : *« Moulin aux Dames »*, *« du Parmi »* [2] et *« de Matignon »*.

Ces constructions rustiques et délabrées reposant sur de nom-

---

[1] D'après M. Léopold Delisle.

[2] Celui du milieu.

breux supports en bois, rompaient agréablement la monotonie de sa longue file d'arches.

D'après les savantes recherches de M. Léopold Delisle, au xve siècle, il se préparait au Pont-de-l'Arche de notables quantités d'huile de noix et de pavots.

Cette ville servait alors de ligne de démarcation pour les droits à percevoir par la vicomté de l'eau de Rouen. Il s'y percevait un droit de péage de 10 deniers tournois par muids qui passaient sur le pont.

En 1443, les Etats de la province accusaient les soldats de la garnison de mettre un véritable impôt sur les vins par leurs exactions sur les bateaux.

Pour mettre fin à cet état de choses, les mariniers imaginèrent d'acquitter leur droit de péage, sans arrêter leurs chalands et en jetant à l'eau, un ou plusieurs tonneaux de vin suivant l'importance de leur chargement. Afin d'avertir les agents du fisc, ils criaient à haute voix : « *Quart nage!* de là, dit-on, l'origine du surnom de *Carnages,* conservé aux habitants de la ville.[1]

En 1690, MM. Jacques et Thomas Bourdon réussirent à établir au Pont-de-l'Arche, une manufacture de draps fins, façon d'Angleterre, malgré la vive opposition qui leur fut faite par les drapiers de Louviers.

Piganiol de la Force cite cette manufacture où étaient employés des fileurs et fileuses de Hollande.

Au commencement du xviiie siècle il existait au Pont-de-l'Arche un certain nombre de communautés industrielles.

Nous donnons ci-après leurs armoiries officiellement reconnues et consignées par d'Hozier sur les registres du Cabinet des titres en vertu d'un édit de Louis XIV.

La communauté des chirurgiens du Pont-de-l'Arche avait les mêmes armoiries que celles de Louviers : *d'azur à un saint-Cosme d'or, tenant une spatule d'argent en sa main dextre.*

Serruriers-Taillandiers : *d'argent à une clef de sable et un maillet de même passés en sautoir.*

Toiliers : *d'azur à deux fasces d'argent.*

----

(1) D'après M. L. Barbe, le nom de Carnages aurait été donné à ces derniers en raison du privilège qu'ils avaient de haler les bateaux qui s'en allaient montant. Ce droit s'appelait la (Curne de Ste Palage), droit de chaualage ou plutôt de charnage ou carnage en normand. On disait donc, le carnage de Pont-de-l'Arche et puis les carnages de Pont-de-l'Arche

Bouchers-Charcutiers : *d'argent à un saint Laurent de carnation, vêtu en diacre de gueules, tenant en sa main dextre un gril de sable et de sa senestre une palme de sinople.*

Boulangers : *d'or à deux pelles de four de gueules, passées en sautoir, chacune chargée de trois pains d'argent.*

Cordonniers : *un écusson d'azur à un couteau à pied d'argent emmanché d'or.*

Toutes ces corporations payèrent 25 livres pour l'enregistrement de leurs armoiries. [1]

Le 15 février 1728 en séance du Conseil, tenue au Prétoire royal du bailliage de Pont-de-l'Arche et présidée par M. le Massif, M. le Daim, avocat, fait remarquer que la ville est sans commerce.

Jean Cosme s'établit en cette ville en 1743 pour y fabriquer des bas au métier. Les années suivantes, Jacques Morand, Tirel et Hardy, y exercent la même profession.

En 1754 un sieur Davoust, fonde une manufacture de couvertures de coton pluchées et non pluchées, autorisée le 30 juillet de la même année par arrêt du Conseil, et en vertu d'un arrêt en date du 23 juillet 1757, rendu par Feydeau de Brou, chevalier, conseiller du roi en ses conseils, intendant de justice, police et finance de la Généralité de Rouen, le sieur Davoust est dispensé de loger les gens de guerre, seulement quand leur nombre excède deux bataillons.

Nous remarquons qu'à cette époque, la corporation des cordonniers était la plus nombreuse et nous trouvons mentionnées sur les registres de la mairie, celles des toiliers et des fabricants de chandelles.

D'après Gadebled, il se faisait au Pont-de-l'Arche, en 1840, un important commerce de céréales. Il existait en outre, deux moulins à eau, une filature de coton, une plâtrerie, et plusieurs fabriques de chaussons de lisière.

Aujourd'hui la ville ne possède plus que cette dernière industrie, qui à peine vieille d'un siècle, a pris depuis plusieurs années une extension considérable. Nous allons en faire une étude toute spéciale dans le chapitre qui va suivre.

---

(1) *Annuaire de l'Eure.*

DEUXIÈME PARTIE

INDUSTRIE DES CHAUSSONS

Origine, Fabrication et divers genres de Chaussons
La Fête de la Saint Crépin

Le mot *chausson* vient du latin *calcens*, qui signifie : chaussure, soulier.

On donnait autrefois ce nom à une chaussure qui se mettait par dessus ou par dessous les bas.

Dans son « Histoire du Costume en France » Ary Renan nous apprend que « sous les Carlovingiens » les moines portaient des braies, des roques, des pelissons, des gants et des *chaussons*.

En observant les différents genres de chaussures qui ont existé depuis la plus haute antiquité, on remarque que les *sandales grecques* et les *caliges* gauloises et romaines, qui subsistaient encore au XIe siècle sous forme d'espadrilles de cuir ou de jonc avaient une grande analogie avec le chausson actuel.

Mais la chaussure ancienne qui s'en rapproche le plus, est à notre avis, le soulier du IXe siècle, muni de pattes à coulisses et qui se nouait sur le coup de pied.

Il n'existe aucun document concernant les origines du chausson, mais il nous semble pouvoir affirmer qu'il remonte à une haute antiquité, car la connaissance du drap a dû entraîner naturellement celle du tissu de chausson.

Dans tous les cas nous pouvons affirmer que ce genre de chausson était connu aux XVIIe et XVIIIe siècles, ainsi que le prouve le document rapporté ci-après, tiré de l'*Encyclopédie méthodique par une société de gens de lettres, de savoir et d'artistes*, ouvrage édité en 1783.

« On fait des chaussons de toile, de laine, de coton, de fil, de chamois etc....... Les chaussons de *toile* se font et se vendent par les marchandes lingères ; ceux de laine, de coton et de fil *tricotés* par les marchands bonnetiers et ceux de *chamois* par les peaussiers. Les chaussons de laine payent en France les droits d'entrée et de sortie sur le pied de mercerie, savoir : l'entrée à raison de 4 livres qui même ont été modérés à 2 livres par arrêt du 3 juillet 1692 lorsque cette marchandise est destinée à l'étranger, avec sols pour livre. »

D'après les renseignements fournis par Madame Antoine Ouin-Pasdeloup [1], ce n'est que vers la fin du xviiie siècle qu'une dame Hacot qui habitait alors la maison sise à l'encoignure des rues de Paris et de l'Eglise eut l'idée de tisser de la peau de mouton, découpée en lanières avec de la lisière de drap. A cette époque la corporation des cordonniers était fort nombreuse au Pont-de-l'Arche, car nous trouvons [2] comme maîtres de 1779 à 1782 : Jean Ouin, Nicolas Duchesne, Michel Girard, André Roullé, Claude Ouin, François Grenier, J. B. Dubosc, Belhomme Dubosc, Claude Ouin fils et Pierre Ouin fils. Il est à supposer que ces artisans s'empressèrent d'imiter la dame Hacot, mais en modifiant toutefois le genre de fabrication. La semelle des premiers chaussons consistait en un morceau de peau de mouton colorée et cousue en surjet. Les cordonniers y substituèrent une semelle de cuir qui rendit la chaussure plus résistante et par suite d'un usage plus durable. La fabrication des chaussons se localisa alors au Pont-de-l'Arche. Plus tard M. Ouin Antoine père donna à cette industrie une grande extension, par la variété des genres qu'il créa, la perfection et l'excellente qualité des articles sortant de ses ateliers. Aujourd'hui les fabricants sont nombreux voici les noms des principaux : MM. Ouin fils, Prieur Henri, Gournay, Prieur Georges, Hacot, etc....

Les deux plus importantes fabriques sont celles de MM. Ouin et Prieur Henri.

Nous tenons à féliciter ici ces deux industriels qui ont donné à ce genre d'industrie une extension considérable en créant des fabriques modèles du genre, dont la réputation est répandue dans toute la France.

Il se fabrique à Pont-de-l'Arche des centaines de mille de douzaines de chaussons par an, les 3/4 des habitants sont employés à leur confection.

Autrefois le commerce avait lieu surtout avec la région du sud-ouest et la ville de Bordeaux particulièrement, depuis quelques années le Nord achète une grande quantité de chaus-

---

[1] Née à Pont-de-l'Arche en 1797 et décédée en 1891, âgée de 94 ans.

[2] Archives communales.

sons au Pont-de-l'Arche, ainsi que l'Est et le Centre. Ce genre de chaussure se vend très peu en Bretagne et dans le Sud-Est de la France.

FABRICATION

Le tissu des chaussons est formé de bandes de *lisière* entre-croisées.

On désigne sous le nom de *lisière*, le bord d'une pièce de drap, ce qui borne sa largeur des deux côtés. Cette lisière est déchirée en lanières par des femmes portant le nom de déchireuses ou par des machines à système d'engrenage.

Aujourd'hui on emploie en place de lisière de drap un cordon plus résistant dit *imitation*.

Les femmes qui confectionnent le tissu portent le nom de *tisseuses*.

Pour ce faire elles se servent : 1° *de formes* en bois dur ; 2° *d'aiguilles à tricoter*, longues et plates.

Les formes sont pointées à l'avance c'est-à-dire qu'au coup de pied un certain nombre de *pointes sans têtes* sont plantées pour former *la patte* du chausson, au talon un clou, à la pointe de la forme deux clous.

Ces derniers clous sont destinés à retenir la lisière qui est enroulée dans le sens de la longueur sur la forme d'une manière qu'il serait trop long de décrire ici et sert pour ainsi dire de trame. Cette opération du *montage* demande une certaine expérience.

Sur cette trame, la tisseuse, son aiguille enfilée de lisière, prend tous les fils impairs et ensuite les pairs, de sorte qu'il en résulte un tissu qu'elle serre plus ou moins suivant le genre et la qualité des chaussons qu'elle doit faire.

Ce travail est absolument le même que celui d'un fabricant de paniers.

La plus grande partie des tissus est aujourd'hui l'œuvre des prisonniers qui se servent d'un crochet au lieu d'une aiguille et obtiennent un tissu plus serré. Certains mêmes parviennent à réaliser des travaux artistiques.

Le chausson terminé, il est passé une coulisse qui sert à le fixer sur le coup de pied ; ensuite il est déformé et porté en fabrique, passe dans les mains du *renformeur* ouvrier chargé comme son nom l'indique de le remettre sur *forme ;* puis les *escarpineurs* ont pour mission de le semeller.

Ces derniers opèrent ce travail à l'instar des cordonniers [1].

Puis le chausson est de nouveau déformé et envoyé à l'atelier *des éplucheuses*, qui à l'aide de ciseaux larges et plats enlèvent le duvet, rentrent les bouts de lisière, brossent le tissu et en un mot font sa toilette pour le rendre coquet et présentable.

Les chaussons sont ensuite classés par pointures, genres et douzaines.

Actuellement la plus grande partie des semelles sont cousues à l'aide d'une machine. La semelle est d'abord *gravée* à la machine et garnie vers le centre de cuir souple afin de dessiner la *cambrure.* Elle est ensuite encollée, placée sur le tissu et le tout est mis sous presse. Quand la colle est sèche on procède au *déformage* et le chausson passe dans les mains des couseurs, qui dirigent l'aiguille dans le sillon de la gravure.

En quelques secondes la semelle est cousue ; puis les *rabatteurs* à l'aide d'un outil en buis nommé *bisaiguë,* rabattent la gravure et terminent l'ouvrage.

Divers genres de Chaussons

Basane, tissu inférieur, flanelle et lisière, semelle peau de mouton, se met dans sabots galoches.

Manille, montage lisière, tissage peau de mouton.

Inusable, d° corde.

Versaillais, article solide et résistant employé par terrassiers, couleurs foncées semelles épaisses garnies de clous dits *béquets,* ailettes et talonnettes en cuir noir ou jaune.

Claqués, tissu recouvert d'une claque en peau noire.

Tunisiens bordelais, tissu en lacet, lacet lisière, ou lisière chaussons élégants, bien cambrés pouvant rivaliser avec la pantoufle.

Tapisserie, tissu imitant la tapisserie, les prisonniers excellent dans ce genre de travail.

Imprimés, dessins exécutés sur tissu uni par procédés chimiques.

---

(1) Les semelles sont découpées à l'emporte-pièce au moyen de machines à volant d'une grande puissance.

Feutres, claques coupées soit à la main, soit à la scie à découper, se fait à lacets, à boutons ou à patte. Et un grand nombre d'autres genres.

LA FÊTE DE LA SAINT CRÉPIN

Il y a quelques années le jour de la saint Crépin était un jour de fête au Pont-de-l'Arche.

Les chaussonniers, bannière [1] de la corporation en tête, se rendaient en corps à l'église pour entendre la messe, et les patrons des divers établissements industriels offraient ensuite à leurs ouvriers un banquet se terminant fort avant dans la nuit par de gaies chansons et un bal plein d'entrain.

L'extension de cette industrie et par suite l'augmentation toujours croissante du nombre des ouvriers, a été la cause de la suppression de cet usage, rappelant les coutumes des corporations du moyen âge.

Albert LEPAGE.

---

(1) La bannière en étoffe de laine blanche garnie de franges d'or appartenait à M. Ouin Antoine père. Elle portait d'un côté les armoiries de la ville du Pont-de-l'Arche et de l'autre les insignes du métier : à savoir — *un marteau de cordonnier, une forme, un renformoir et un chausson.*

NOTICE

SUR UN

TOMBEAU CELTIQUE

DÉCOUVERT AU MOIS DE DÉCEMBRE 1842

ᴀ SAINT-ETIENNE-DU-VAUVRAY

Nous reproduisons avec l'autorisation de la Société française d'Archéologie la plus grande partie de la Notice écrite par M. T. Bonnin et contenue au Tome xx des mémoires de cette Société.

Le chemin vicinal de grande communication, qui conduit de Louviers à l'embarcadère du chemin de fer, à Saint-Pierre-du-Vauvray [1], suit, sur la rive droite de l'Eure, les sinuosités d'une côte aride jusque dans la vallée de la Seine ; il traverse, à 3 kilomètres environ de Louviers, la commune de Saint-Étienne-du-Vauvray et remplace le chemin fangeux qui seul conduisait auparavant dans ces deux communes. Point de village sur le bord ; quelques habitations isolées seulement viennent interrompre la ligne irrégulière d'ormes et d'épines qui forme les haies et conserve l'humidité du chemin. Dans un pays qui en compte tant de mauvais, ce chemin pouvait être cité, et, l'aridité de la côte ne faisant pas réclamer son amélioration par l'agriculture, il ne la doit aujourd'hui qu'au progrès de l'industrie, comme moyen de plus facile communication entre Louviers et le chemin de fer.

Le pied de la côte, sensiblement élevé par l'éboulement des terrains supérieurs, a dû être abaissé pour ouvrir et déblayer la voie sur certains points.

Auprès de la ferme de la Basse-Crémonville, hameau de Saint-Étienne-du-Vauvray, que ce chemin traverse, chacun connaissait bien une grosse pierre, plus haute que large, dont le calcaire, détaché de la côte supérieure, s'élevait en pointe ; chacun savait

[1] Un omnibus partait de Louviers pour conduire à Saint-Pierre-du-Vauvray les voyageurs qui devaient prendre les trains. Les bureaux se trouvaient rue Grande, dans la maison portant aujourd'hui le n° 63 ; l'entreprise fut longtemps exploitée par M. Jambon·

aussi que sur le bord du chemin se trouvaient de gros fragments
de rocher qui rejetaient les charrettes dans les ornières voisines ;
tous aussi voyaient au milieu de la côte, parmi les ronces et de
rares touffes de genévriers, percer quelques pointes du roc et des
fragments détachés gisant çà et là, informes et inclinés diverse-
ment, mais aussi tous pensaient que ces débris étaient l'œuvre
de la nature et que l'homme n'était pour rien dans leur disposition.

Le travail de terrassement du chemin a prouvé le contraire.

L'une de ces pierres dressée au bord de la vallée est évidemment un menhir, semblable en sa forme à tous les monuments
de ce genre signalés dans notre contrée et dans les départements
voisins [1] ; sa hauteur est de 2^{m}75 ; sa largeur de 2^{m}25, et son
épaisseur de 1^{m}30 environ. Une fouille pratiquée au pied a permis de constater qu'il se terminait en pointe irrégulière à 1^{m}25
au-dessous de la surface du sol [2], et qu'aucun objet ne s'y trouvait enfermé ; il n'est remarquable que par sa direction paral-
lèle à la vallée et par une ouverture peu profonde en forme de
parallélogramme qu'on observe à son sommet [3]. Cette ouverture, qui se remarque dans d'autres monuments du même genre,
dut servir, dans un temps de transformation religieuse, du paga-
nisme ou du christianisme, à modifier les idées du peuple sur
un culte qu'on ne pouvait anéantir sans danger ; dieu ou demi-
dieu, croix, saint ou madone, nous semblent y avoir, ainsi que
cela est souvent arrivé, reçu peut-être successivement les pieux
hommages dus à un grand souvenir.

Les monuments, dont il nous reste à parler, nous permet-
tront peut-être d'en donner la preuve.

------

(1) Ce menhir existe toujours et se trouve sur le côté droit de la route en allant de
Louviers à Saint-Pierre-du-Vauvray, mais il n'occupe plus sa place primitive. Il a été transporté là où on le voit actuellement lors de la construction de la ligne de raccordement
du chemin de fer reliant Saint-Pierre-du-Vauvray à Louviers vers 1866.

(2) M. Alphonse Fresné, fermier de Mme de Lux, a fait creuser au pied du menhir,
il n'a rien trouvé. Seulement il a constaté que la partie de la pierre qui est en terre
excède en longueur la partie que nous voyons hors du sol.... (Note de M. Marcel,
21 juin 1856).

(3) M. Lalun fils, architecte à Louviers, ayant mesuré de son côté ce menhir, en
janvier 1857, a eu l'obligeance de me communiquer les dimensions suivantes : hauteur :
3^m ; largeur moyenne au centre : 1^{m}90 ; épaisseur moyenne au même endroit : 0^{m}70.

L'entaille carrée, creusée au haut du menhir, sur la face tournée à l'Est, c'est à-dire
du côté du chemin, mesure 0^{m}20 de hauteur, 0^{m}16 de largeur et 0^{m}07 de profondeur.
Les gens du pays la regardent comme une ancienne niche de saint. (Note de M. Marcel).

De tout temps, on a élevé des tombeaux aux guerriers morts en combattant ; le monument qui devait conserver leur mémoire était placé sur le champ de bataille, et leurs enfants y ont souvent été prier.

Dans la science tout hypothétique de l'archéologie, si cette conjecture devait s'appliquer à un monument isolé, ce serait avec raison qu'on nous reprocherait d'abuser de ce moyen ; mais si, près de là, à quelques mètres, un grand tombeau remontant à des siècles barbares et inconnus, se trouvait et venait à justifier notre supposition ; alors sans arriver à une certitude historique impossible à donner, peut-être aurions-nous l'espoir d'approcher de la vérité.

A quelques pas de là, gisait un fragment de rocher recouvert à moitié par les éboulements de la côte, et que le nivellement forçait à détruire ou à déplacer ; ce dernier moyen ayant été jugé moins dispendieux, des ouvriers furent chargés de creuser auprès et au-dessous une fosse profonde pour l'y enfouir. Personne ne songeant que ce bloc de calcaire pouvait être plus intéressant que ceux qui l'avoisinaient, ce fut sans soins et sans surveillance que, pendant plusieurs jours on se livra à ce travail qui ne fut point interrompu. Malgré la surprise des ouvriers, presque effrayés du grand nombre d'ossements humains qu'ils remuaient parmi les terres et les moëllons ; l'idée de prévenir l'agent-voyer d'une circonstance dont ils s'entretenaient entre eux ne leur vint que plus tard.

Ce ne fut qu'après l'enfouissement du rocher, et le déblai du sol trop élevé, qu'à son retour, M. Fauchon en eut connaissance.

Les ouvriers lui déclarèrent alors que, dans la fosse qu'ils venaient de creuser, ils avaient rencontré, immédiatement sous le bloc de calçaire, une espèce de voûte de moellons qui recouvrait des ossements humains, et, au-dessous, une couche de pierres plus grandes sous lesquelles se trouvaient des crânes et des ossements étendus sur une autre couche de pierres au-dessous de laquelle un dernier rang de squelettes était étendu dans le même ordre, sur un lit de pierres inégales placées sans soin. Plus bas, ils n'avaient rien découvert. Les squelettes, qui leur avaient paru d'une stature ordinaire, étaient placés en cercle, les pieds au centre et isolés par des moëllons assemblés sans maçonnerie, et formant une cavité que chaque corps paraissait avoir complètement remplie ; les trois couches successives de corps étaient disposées de la même manière ; enfin, la pierre enfouie était d'un diamètre inférieur à celui de la construction circulaire qui pouvait être de 5 mètres environ.

Ils ajoutèrent que, n'ayant aperçu aucune arme ni monnaie, ils avaient tout rejeté dans le remblai, à l'exception d'une espèce de hachette qui se trouvait au fond, et ne pouvaient dire si rien n'était échappé à leur examen, mais qu'ils pensaient qu'on découvrirait encore des ossements dans la partie du sol qu'ils n'avaient pas eu besoin de fouiller.

Ces renseignements bien précis et confirmés par tous, parurent assez intéressants pour faire naître le désir de retrouver les restes encore existants du tombeau détruit et de réparer le mal, en cherchant à compléter et à prouver les déclarations des terrassiers. En présence des autorités locales on fit donc, le 27 décembre, extraire de nouveau le bloc calcaire de la fosse où il était enfoui, et enlever les terres déjà remuées dans la première fouille. Ainsi que l'avaient déclaré les ouvriers, on ne trouva plus rien au-delà des points indiqués par eux, mais en avançant vers la côte, on parvint bientôt à un rang de calcaire en ligne droite et recouvert d'un dallage en pierres aplaties, terminé en cercle par quelques restes d'une sorte de mur formé de pierres superposées à sec contre le sol.

Ces pierres ayant été retirées, on reconnut au-dessous l'hémicycle fait également de fragments superposés à sec ; le blocage du devant avait formé, entre des squelettes brisés dans la première fouille, des divisions semblables à celles alors apparentes, où deux rangs de moëllons, entassés sans soin et sans art, isolaient trois squelettes humains, reconnaissables à leurs principaux ossements, au milieu des terres infiltrées dans la cavité.

Chacun des corps, dont la tête était appuyée sur une pierre aplatie, placée contre la pierre circulaire, avait les pieds au centre du cercle ; leurs bras étaient allongés près du corps qui remplissait la cavité, chaque compartiment avait environ 40 centimètres d'élévation.

Le diamètre du tombeau put alors être vérifié ; il était de 4^m50 environ, et sa profondeur, au-dessous de la pierre qui le recouvrait, de 1^m65 ; en donnant une hauteur égale à chacune des cavités superposées et une épaisseur moyenne de

0^{m}15 aux dallages qui les séparaient, ces mesures s'élevaient à la hauteur où se trouvait le rocher avant son déplacement.

Chacune des trois cavités fut ensuite vidée et examinée avec soin pour y rechercher les objets qui pouvaient y être renfermés. Aucun objet métallique, fer ou bronze, n'y fut trouvé; l'on n'en retira qu'un fragment informe d'un vase de terre grossière et une espèce de hachette, dont nous parlerons plus loin; puis, sous l'espèce de pavage de calcaire sur lequel reposaient les ossements, on parvint au sol naturel de la vallée.

Du reste, on n'interrompit les fouilles qu'après qu'on fut assuré qu'il ne restait plus de chance de découvertes, et après avoir acquis la preuve de la véracité des ouvriers, et constaté la singulière disposition des corps dans le tombeau.

Puis, comme d'autres pierres semblables se trouvaient près de là, on rechercha si elles ne recouvraient point également des tombeaux, si le menhir voisin, lui-même, n'en était pas un. C'est alors qu'on y fit la fouille dont nous avons indiqué le résultat et que l'on creusa, sans rien découvrir, sous d'autres fragments du roc couchés sur le penchant de la côte. Mais, à moins d'un kilomètre de là, vers Louviers, sous un rocher déjà recouvert par les remblais, on eût peut-être été plus heureux si les frais du travail, et le danger pour les terrassiers de miner une masse énorme, n'avaient forcé d'interrompre les fouilles, lorsque la vue d'ossements humains, paraissant disposés comme dans le premier tombeau, commençait à faire naître l'espoir.

Maintenant, pour justifier la contemporanéité du menhir et du tombeau, et expliquer nos idées sur leur réunion, nous devons décrire les objets trouvés à Saint-Étienne-du-Vauvray; leur complète similitude avec ceux découverts à Cocherel, il y a près de deux siècles, nous semblent autoriser à leur assigner une même date.

Lorsqu'en 1685 on découvrit, sur le côteau de la rive droite de l'Eure, la sépulture de Cocherel, un procès-verbal authentique, publié par Le Brasseur [1], fut rédigé pour conserver le souvenir des faits extraordinaires qu'on y avait observés; on constata, qu'auprès du caveau qui renfermait les corps, se trouvaient dressées deux pierres longues, presque complètement enfouies alors sous l'éboulement des terres, mais qui, mesurées après les

---

[1] *Histoire civile et ecclés. du comté d'Evreux*, in-4°. *Preuves*, p. 172 et suiv.

fouilles, avaient environ 2 mètres de hauteur sur 1 mètre de largeur, et nous paraissaient être deux pierres levées. Si les squelettes n'étaient point comme à Saint-Étienne, rangés circulairement, mais en ligne droite, et sans séparation, leurs têtes étaient également placées sur une pierre plate; une couche d'ossements gisait aussi au-dessus d'une voûte de grosses pierres et aucun tumulus n'indiquait le tombeau.

Les objets découverts auprès des corps présentent encore une plus grande analogie.

Nous trouvons à Saint-Étienne un fragment de poterie grossière en terre rougeâtre mêlée de gravier, paraissant façonné à la main et dont le peu de ténacité fait croire qu'il a été séché au soleil; des fragments de même nature furent découverts à Cocherel, et on sait que, dans presque tous les tombeaux, remontant à l'époque gauloise ou celtique, on découvre des vases semblables.

Le Brasseur a fait dessiner des hachettes en silex, découvertes près de la tête des squelettes et des os aiguisés dont il ne peut indiquer l'usage. Deux de ces hachettes étaient ajustées à l'extrémité d'un bois de daim ; à l'une, ce bois est brisé près de l'extrémité du silex, tandis qu'il a figuré la seconde tellement complète, avec un manche adapté à la corne, qu'on a pu douter de sa véracité depuis la disparition de la hachette.

A Saint-Étienne nous retrouvons ces mêmes objets avec des détails nouveaux et précis. Deux bois de daim, l'un de 0ᵐ14 et l'autre de 0ᵐ16 de longueur, se trouvaient près des squelettes ; chacun d'eux a une ouverture oblongue dans laquelle furent ajustés des manches aplatis, dont on n'a découvert aucune trace. Les aspérités de la corne sont encore apparentes à quelques endroits. [1]

A l'extrémité de la première, une hachette en jade remplit, jusqu'à l'ouverture du manche, la cavité qu'on lui a faite; sa longueur est de 0ᵐ08. A l'autre extrémité, on voit encore la base de la corne ; elle fut trouvée dans la fouille.

La seconde, découverte précédemment par les ouvriers, ne porte aucune trace d'ouverture à son sommet où l'on aperçoit encore la section des andouillers, mais elle a été creusée à son

____

[1] En visitant les vitrines du Musée de Louviers, on peut se rendre compte du soin apporté dans la description de ces objets.

extrémité inférieure pour y adapter un ossement rond et aiguisé, dont les restes sont conservés dans la cavité qu'il remplissait. Il est impossible d'indiquer la longueur de cet ossement, qui a été brisé à fleur d'une espèce de bourrelet que la main de l'homme y a façonné.

Par cette découverte, et celles récemment faites en Picardie [1], se trouve complètement résolue la question si longtemps controversée, si longtemps débattue [2], de savoir comment on emmanchait les hachettes celtiques en silex et les ossements aiguisés découverts dans le tumulus.

Nous voudrions pouvoir dire qu'elle a également résolu ces questions à l'égard des hachettes de bronze qu'on trouve souvent aussi dans des tombeaux que nous croyons d'une époque postérieure [3].

En effet, la fabrication d'armes métalliques suppose un degré de civilisation avancée; il dut s'écouler un long espace de temps entre l'époque où l'on se servait d'armes fabriquées sans art, avec les pierres qu'on trouvait près de soi, entre celle où tout monument consistait à dresser sur sa pointe une pierre qui se trouvait là et l'époque où l'on put fondre et couler, dans les moules creusés avec art, des armes dessinées avec quelque pureté, où l'on put travailler le fer et s'en faire des armes, où ces métaux purent devenir assez communs pour être inhumés avec leur possesseur; il y a loin de là surtout à l'époque où l'on eut besoin de monnaies et où l'on put en fabriquer.

Nous en conclurons donc que, si le tombeau de Cocherel où l'on ne découvrit aucune trace de monnaies ni d'armes métalliques, remonte aux temps les plus reculés de l'époque anté-historique qu'on a nommée Celtique, cette même date doit être aussi celle du tombeau de Saint-Étienne-du-Vauvray, qui présente les mêmes caractères, et que la pierre monumentale, élevée près d'eux, nous paraît l'avoir été au temps de la lutte où périrent les guerriers qu'ils renfermaient, en souvenir du combat dans lequel ils perdirent la vie.

---

(1) *Mémoires de la Société d'archéologie du département de la Somme*, 1—215 et suiv.

(2) *Mémoires de la Société royale d'émulation d'Abbeville*, 1826 et 1837, p. 221 et suiv.

(3) Une hachette de bronze, du cabinet des antiques de la bibliothèque royale, conserve encore, à son extrémité, les traces et quelques minces parties du bois avec lequel elle était ajustée. Nous devons ce renseignement à M. Deville.

LISTE

MEMBRES DE LA SOCIÉTÉ

. MEMBRES ENTRÉS EN 1893

(FONDATION)

MM. ANGÉRARD (Edmond) (✪ A.), notaire honoraire, avocat,
à Louviers, rue de l'Hôtel-de-Ville.

AUDRESSET (Emile), manufacturier à Louviers, rue d'Evreux.

BOURARD (A.-E.), propriétaire à Louviers, boulevard du
Sud.

BRETON (Paul), manufacturier à Louviers, rue du Quai.

COLLIGNON (Maurice), publiciste à Louviers, rue de la Poste.

COUTIL (Léon), ancien Président de la Société Préhistorique Française, Correspondant du Ministère de
l'Instruction Publique et des Beaux-Arts, (✪ I. P.),
propriétaire, à Saint-Pierre-du-Vauvray.

EUDELINE (le chanoine Paul), Evreux.

FORTIER (Robert) (O. ✸ M. A.), conseiller d'arrondissement, maire de la Haye-Malherbe, à Louviers, rue de
l'Hôtel-de-Ville.

FOURNIER (Raoul), agent général de l'*Urbaine*, à Louviers,
rue Saint-Germain.

GUIBERT (Henri), à Louviers, rue Grande.

LABELLE (Albert), manufacturier, membre de la Chambre
consultative des Arts et Manufactures, maire, à Saint-
Pierre-du-Vauvray.

LABELLE (Charles), à Saint-Pierre-du-Vauvray.

LAMBERT (Eugène), à Louviers, rue des Grands-Carreaux.

LANNES (Em.), receveur municipal, à Louviers, rue du
Faubourg-de-Rouen.

Les Membres qui auraient des rectifications à faire faire sur cette liste sont priés de
bien vouloir en informer le Président de la Société.

Le Mercier (Edmond), ancien bâtonnier de l'Ordre des Avocats, ancien magistrat, au Neubourg.

Lepage (Albert), greffier de la Chambre d'instruction au Tribunal civil, Le Havre.

Mallet (Alfred), avoué honoraire, avocat, juge suppléant au Tribunal Civil, à Louviers, boulevard du Sud.

Mouchard (A.), propriétaire à Louviers, boulevard de l'Ouest, n° 17.

Mutel (Edmond), négociant en vins à Elbeuf-sur-Seine, rue Isidore-Lecerf, n° 9.

Peupion (m. a.), médecin vétérinaire à Louviers, rue des Pénitents.

Pézier (Léonce), avoué à Louviers, rue de la Gare.

Poussin (Etienne), président de la Société de Secours Mutuels, à Louviers, place de la République.

Védy (A.), industriel, président du Tribunal de Commerce, à Louviers, rue Trinité.

ENTRÉS EN 1895

MM. Boury (marquis de), député, château d'Amfreville-la-Campagne.

Brivezac (Ludovic), à Louviers, rue Thorel, 9.

Deshayes (René), ancien notaire, à la Croix-Saint-Leufroy.

Landrin (✳, ◯ i. p., o. ✳), ancien juge au Tribunal de Commerce de la Seine, adjoint au maire du XVIᵉ arrondissement de Paris, directeur de l'Ecole professionnelle de la Chambre syndicale du papier, président de cette Chambre, 30, avenue Henri-Martin, à Paris.

Lenoble (Emile), rue de Louviers, à Elbeuf, et abbaye de Bon-Port.

Leroy (Charles), notaire à Tourville-la-Campagne.

Sée (Eugène) (o. ✳, ◯ i. p., o. m. a.), receveur des Finances en retraite, 17, place des Etats-Unis, à Paris.

Vigny (F.), propriétaire, à Autheuil-sur-Eure.

ENTRÉS EN 1896

MM. Carrère (de), propriétaire à Louviers, rue Saint-Jean.
Verniettes, notaire, suppléant du juge de paix, à Gaillon.

ENTRÉS EN 1897

MM. Allorge (Maurice), avocat, licencié ès-sciences, à Louviers, rue Saint-Germain.
Lefèvre (Julien), avocat à Louviers, rue Dupont-de-l'Eure.
Miquel, manufacturier, président de la Chambre de Commerce et de la Chambre consultative des Arts et Manufactures, à Louviers, rue de la Gare.

ENTRÉS EN 1900

MM. Decaux (Georges), propriétaire à Saint-Pierre-du-Vauvray.
Labiche, docteur en médecine à Louviers, rue Dupont-de-l'Eure.
Hébert (✳, ❂ A., ✺, C. ✣, ✳), commissaire de la Marine en retraite, bibliothécaire de la Ville et conservateur du Musée, à Louviers, rue Tour-Gambette.
Le Bossé, avoué à Louviers, rue de l'Hôtel-de-Ville.
Monnier (✦ M. A.), sénateur, conseiller général, à Gaillon.

ENTRÉS EN 1903

MM. Menez, avocat à la Cour d'Appel, 17, rue de Douai, à Paris.
Reveilhac, maire de Mesnil-Jourdain, château de la Croix-Richard, à Mesnil-Jourdain.
Duruflé (Henri), propriétaire à Louviers, rue Dupont-de-l'Eure.
Revert, agent général d'Assurances, magistrat consulaire, conseiller municipal, à Louviers, rue Jean-Nicolle.
Mᵐᵉ Postel (Emile), propriétaire à Louviers, boulevard du Sud.

ENTRÉS EN 1904

MM. GODARD-RAGAULT, propriétaire à Louviers, boulevard du
    Nord.

TERNAUX-COMPANS (✱), ancien conseiller d'Ambassade,
    ancien député des Ardennes, rue Jean-Goujon, n° 25,
    à Paris.

ALLORGE (Eugène), notaire honoraire à Louviers, rue
    Saint-Germain.

DUBOS (Albert), notaire honoraire, suppléant du Juge de
    Paix, à Notre-Dame-du-Vaudreuil.

JOURDAIN (Roger) (✱), artiste peintre, maire de Rueil,
    hameau de la Jonchère, à Rueil (Seine-et-Oise).

ANGÉRARD (Albert), avocat à Louviers, rue de l'Hôtel-de-
    Ville.

RÉGNIER (Louis) (❂), archéologue, correspondant du
    Ministère de l'Instruction publique et des Beaux-Arts,
    rue du Meilet, 9, à Evreux.

QUATREMARE père, propriétaire, à Louviers, place de la
    République.

ENTRÉ EN 1905

M. PELLETIER (Paul), à la Rivette, Louviers.

ENTRÉS EN 1906

Mme IZAMBERT, imprimeur, à Louviers, rue du Matrey.

MM. FOURNIER (Pierre), employé principal au bureau de la
    Société Générale, à Louviers, boulevard du Sud.

LEDANOIS (Edmond), (❂. I. P.) directeur de l'Ecole pri-
    maire supérieure en retraite, ancien suppléant du Juge
    de Paix, agent d'Assurances, à Louviers, place du
    Champ-de-Ville.

LAGUETTE, notaire, à Louviers, rue de l'Hôtel-de-Ville.

POITEVIN (Eugène), manufacturier, à Louviers, rue
    Edouard-Lanon.

ENTRÉS EN 1907

MM. Perreaux (G.), docteur en médecine, à Louviers, rue de l'Hôtel-de-Ville.

Chennevière, propriétaire à Louviers, rue d'Evreux.

Saillard (Paul), propriétaire à Louviers, rue du Quai.

Jeuffrain (André), manufacturier à Louviers, rue de la Gare.

Jeuffrain (Pierre), manufacturier à Louviers, rue Saint-Germain.

Mme Salomon (Raphaël), propriétaire, à Louviers, boulevard du Nord.

ENTRÉS EN 1908

MM. Lefebvre (Paul) (✿), notaire, suppléant du Juge de Paix, au Neubourg.

Lézé, notaire, à Louviers, rue Grande.

Mme Jacquin, propriétaire, à la Croix-Saint-Leufroy.

Mlle Billiard, propriétaire, à Louviers, rue des Pompiers.

ENTRÉS EN 1909

MM. Ducomet, sous-inspecteur de l'Enregistrement, des Domaines et du Timbre, à Louviers, boulevard du Nord.

Lebigre (Maurice), commissaire-priseur à Louviers, place de la République.

Duval, notaire au Neubourg.

Henneveu, notaire à Daubeuf-la-Campagne.

Pouivet, notaire à Léry.

ENTRÉS EN 1910

M. Petitot (◊ I. P.), inspecteur primaire à Louviers, rue des
    Quatre-Moulins.

Mᵐᵉ Barbe (Lucien), propriétaire à Louviers, place de la Répu-
    blique.

MM. Bourgoin (✳), juge de Paix, à Louviers, rue Dupont-de-
    l'Eure.

    Auverny (Jean), avoué à Louviers, rue Dupont-de-l'Eure.

    Godard, architecte au Neubourg et à Louviers, rue du
    Neubourg.

ENTRÉS EN 1911

MM. Laporte (André), notaire à Louviers, rue du Quai.

    Letellier (Gaston), notaire à la Croix-Saint-Leufroy.

    Perrin (Georges), avoué, suppléant du Juge de Paix, à
    Louviers, rue Constant-Roussel.

    Durkheim, substitut du Procureur de la République, à
    Louviers, rue Saint-Jean.

    Dubosc, architecte, à Louviers, rue Tatin.

    Quatremare, fils, banquier à Louviers, place de la
    République.

    Breton (Adrien), manufacturier, château de la Villette, à
    Louviers.

    Divry, propriétaire, à Saint-Cyr-du-Vaudreuil.

    Lerebours, notaire à Pont-de-l'Arche.

ENTRÉS EN 1912

MM. Champier, greffier du Tribunal civil de Louviers.

    Mélin, inspecteur adjoint des Eaux et Forêts, à Louviers,
    boulevard du Sud.

    Loisel (Jacques) à Louviers, boulevard du Sud.

    Fortier (Alfred) boulevard de Vincennes, 44, à Fontenay-
    sous-Bois (Seine).

ENTRÉ EN 1913

M. Jean (🙰), directeur de l'Ecole primaire supérieure, boulevard de l'Ouest, à Louviers.

MEMBRES CORRESPONDANTS

MM. Develle (Jules) (c. ✠ m. a.), ancien ministre, sénateur, à Paris, rue du Faubourg-Saint-Honoré, 131.

Hardouin (✱, 🙰 a.), professeur à l'Ecole régimentaire du Génie, rue Voltaire, 7, à Grenoble.

Porée (chanoine) (🙰 i. p.), correspondant du Ministère de l'Instruction publique et des Beaux-Arts, curé de Bournainville.

SOCIÉTÉS CORRESPONDANTES

Société de l'Histoire de Normandie, à Rouen.
Société de Statistique de l'Isère, à Grenoble.
Société des Sciences, Arts et Belles-Lettres de Bayeux.
Bibliothèque des Assises de Caumont, à Caen.
La Pomme, à Paris.

BUREAU DE LA SOCIÉTÉ

MM. Angérard, président,
Mallet, vice-président,
Lambert, secrétaire,
Collignon, trésorier.

MEMBRES AYANT QUITTÉ L'ARRONDISSEMENT

MM. Perrut, receveur de l'Enregistrement, à Louviers.

de Chauveron, président du Tribunal Civil, à Louviers.

Anty (🙰 a.), juge au Tribunal Civil, à Louviers.

Ferrand (Eugène), notaire à Pont-de-l'Arche.

Rivet (🙰), directeur de l'Ecole primaire supérieure, à Louviers.

Lalouelle, notaire à Daubeuf-la-Campagne.

MEMBRES DÉCÉDÉS

MM. Loisel (Georges), greffier consulaire honoraire à Louviers.
Collignon, père, directeur de l'*Industriel de Louviers*, à
Louviers.
Duflot (Paul), notaire honoraire à Louviers.

EXCURSIONS FAITES PAR LA SOCIÉTÉ

Tournedos (butte Sainte-Cécile), Pont-de-l'Arche et Bon-Port.
Les Andelys (château Gaillard).
Louviers et Acquigny (Société des Monuments rouennais).
Caudebec-en-Caux et abbaye de Saint-Wandrille.
Heudebouville, Venables, Villers-sur-le-Roule, Aubevoye et
Gaillon.
Dreux et Anet.
Beaumont-le-Roger, Beaumontel, le Neubourg et Saint-
Aubin-d'Ecrosville.
Vernon, Giverny, La Roche-Guyon et Bonnières.
Duclair et Jumièges.
Gisors.
Catelier de Criquebeuf-sur-Seine.
Ivry-la-Bataille, Marcilly-sur-Eure et abbaye du Breuil-Benoist.
Chantilly (collections du duc d'Aumale).
Autheuil-sur-Eure.
Evreux.
Poissy, Saint-Germain-en-Laye et Mantes.
Pont-de-l'Arche, Bon-Port, Poses, Léry et Notre-Dame-du-
Vaudreuil.
Acquigny.
Gaillon, Aubevoye et Bethléem, Les Douaires.
Pont-Saint-Pierre, abbaye de Fontaine-Guérard.
Alizay, barrage de Poses, verreries de Romilly-sur-Andelle,
prieuré de la Côte des Deux-Amants, château de Senneville.

Elbeuf, Château-Robert, La Bouille, Moulineaux, maison de Pierre Corneille à Petit-Couronne.

Ecouis, Lyons-la-Forêt, abbaye de Mortemer.

Fécamp.

Verneuil.

Maintenon.

Bernay, Beaumesnil.

Louviers.

Saint-Philbert-sur-Risle et Pont-Audemer.

Brionne et le Bec-Hellouin.

Lillebonne.

TRAVAUX PUBLIÉS

M. TÉTREL. — Notes sur quelques plantes rares ou critiques observées à Pacy-sur-Eure, Vernon et Louviers.

M. DUBOURG. — Saint Christophe.

M. LEPAGE. — Guerre de la ligue d'Augsbourg.

M. IZAMBERT. — Le père d'Incarville.

M. BARBE. — Histoire du drap à Louviers.

M. DUBOURG. — Les enfants de marbre de l'église de Mesnil-Jourdain.

M. LEPAGE. — La Justice au Moyen Age (condamnation à mort à Pont-de-l'Arche, en 1408).

M. TÉTREL. — Additions et rectifications aux notes sur les plantes de Pacy-sur-Eure, Vernon et Louviers.

M. ANGÉRARD. — Cimetière franc de Muids.

M. GUIBERT. — Louviers pendant la guerre de Cent Ans (xive et xve siècles).

M. l'abbé Anatole CARESME. — Histoire de la paroisse de Saint-Vaast-de-Flipou.

M. LEPAGE. — Notes sur le prieuré de Saint-Antoine de Pont-de-l'Arche.

M. BARBE. — Les Etudes Historiques dans l'arrondissement de Louviers.

M. LEPAGE. — Boïeldieu, Messénienne, par Jacques Piné.

M. COUTIL. — Archéologie gauloise, gallo-romaine, franque et carolingienne (1re partie).

M. LEROY. — Tourville-la-Campagne et ses Seigneurs. Parchemins du XVᵉ siècle ayant trait à la construction de la chapelle Saint-Claude dans l'église N.-D. de Louviers.

M. Eug. SÉE. — Deux chartes intéressant Louviers.

M. COUTIL. — La bombarde de la Haye-le-Comte.

M. LEPAGE. — Essai historique sur le prieuré de Saint-Antoine de Pont-de-l'Arche, vulgairement désigné sous le nom d'Abbaye-sans-Toile.

M. SPALIKOWSKI. — Anthropologie du département de l'Eure.

M. LEROY. — Essai sur la collégiale de la Saussaye.

M. Barbe. — Histoire du couvent de Saint-Louis et de Sainte-Elisabeth de Louviers et de la possession des religieuses de ce monastère.

M. LEROY. — La famine à Tourville-la-Campagne, en 1794 et 1795.

M. BARBE. — Louviers décorée au XVᵉ siècle.

M. QUESNÉ. — Notice sur le Désert des Carmes Déchaussés de la Garde-Châtel.

M. LEROY. — Notes sur le Bec-Thomas (origines à 1789).

M. GUIBERT. — Note au sujet de retranchements aux environs de Louviers.

M. COLLIGNON. — Etude sur M. Ternaux (1763-1833).

M. BARBE. — M. André Huet.

M. BARBE. — Des accusations portées contre Mathurin Picard, curé de Mesnil-Jourdain et de sa réhabilitation.

M. COUTIL. — Archéologie gauloise, gallo-romaine, franque et carolingienne *(suite)*.

M. Ch. HEULLANT. — Projet d'une statue à Copernic.

M. COUTIL. — Lovviere. Vue générale de la ville de Louviers.

M. LEPAGE. — Essai historique sur le prieuré de Saint-Antoine du Pont-de-l'Arche, vulgairement désigné sous le nom d'Abbaye-sans-Toile *(suite et fin)*.

M. BARBE. — Dictionnaire du Patois Normand en usage à Louviers et dans les environs.

M. BARBE. — Supplément à ce Dictionnaire.

M. ANGÉRARD. — Fouilles d'une villa gallo-romaine à Muids.

M. GUIBERT. — Charte concernant la garnison de Louviers.

M. le général AVON. — Note concernant un ouvrage fortifié à Pont-de-l'Arche.

M. Collignon. — Note sur l'ancien couvent des Pénitents à
   Louviers.
M. Emile Guillard. — Bijoux trouvés à la Haye-Malherbe en
   1850 et 1852.
M. Collignon. — Napoléon Ier dans l'Eure.

Tous les travaux dont la nomenclature précède sont compris
dans les douze premiers bulletins de la Société que l'on peut se
procurer chez le Président ou l'Archiviste aux prix suivants :

1er Bulletin, prix :		3	francs
2e	—	7	—
3e	—	5	—
4e	—	5	—
5e	—	12	—
6e	—	3	fr. 50
7e	—	3	fr. 50
8e	—	3	fr. 50
9e	—	3	fr. 50
10e	—	3	fr. 50
11e	—	3	fr. 50
12e	—	5	fr. »»
13e	—	»	fr. »»

TABLE DES MATIÈRES

PLANCHES

BULLETIN

DE LA

SOCIÉTÉ D'ÉTUDES DIVERSES

DE

L'ARRONDISSEMENT DE LOUVIERS

TOME XII. — ANNÉES 1909-1910

LOUVIERS

IMPRIMERIE EUG. IZAMBERT, RUE DU MATREY

1911

BULLETIN

DE LA

SOCIÉTÉ D'ÉTUDES DIVERSES

DE

L'ARRONDISSEMENT DE LOUVIERS

TOME XIII. — ANNÉE 1911

LOUVIERS

IMPRIMERIE EUG. IZAMBERT, RUE DU MATREY

1912